HOLGER WITZEL

Heul
doch,
Wessi

EULENSPIEGEL VERLAG

Die Texte entstanden zwischen 2012 und 2014.
Erstveröffentlichung auf: www.stern.de

INHALT

Verwestlicht

Der Westen west im wahrsten Sinn
des Wortes wesentlich dahin.

Er fault und stinkt, heult auf und sinkt
trotzdem nie unter seine Würde –

zu niedrig ist die Hürde.

»Der Charakter eines Menschen lässt sich aus nichts so sicher erkennen als aus einem Scherz, den er übelnimmt.«
Georg Christoph Lichtenberg

SIND OSTDEUTSCHE
BESSERE MENSCHEN?

Gute Vorsätze können laut und leise scheitern. Nur etwas anders zu sein macht aber oft auch schon einen guten Eindruck – und Westdeutsche sauer. Ein Streit

Mit meiner liebsten West-Kollegin streite ich mich bei einer Suppe nach Feierabend regelmäßig über die gleiche Frage: Zwischen den Zeilen, so behauptet sie, würde ich immer behaupten, Ostdeutsche wären per se – gewissermaßen von Natur aus – bessere Menschen. Sie ist da – vermutlich ebenfalls naturgemäß – anderer Meinung, und ich sollte das doch endlich mal belegen oder nach fast fünfundzwanzig Jahren ohne Mauer lassen. Also gut.

Davon abgesehen, dass ich das so absolut nie behaupten würde, werde ich es im Jubiläumsjahr noch differenzierter tun. Sie hat ja Recht: Schließlich steht es 2014 schon vierzig Jahre 1:0 für Jürgen Sparwasser. Nackt erkennt man Westler zwar oft noch an der fehlenden Pockenimpfung am Oberarm, generell an vorlautem Geschrei und in meiner Leipziger Straße trotz L-Kennzeichen daran, wer mit dem Auspuff zum Fußweg parkt. Für die subtileren Unterschiede aber fehlen mir auch manchmal Worte.

Zunächst – noch im versöhnlichen Weihnachtsdusel oder als Vorschuss meiner Vorsätze – will ich es mal so sagen: Es gibt hier wie da solche und solche, hier vielleicht ein paar weniger solche und da ein paar mehr. Und wenn allein dieser Eindruck schon wieder dazu führt, dass die Suppe der Kollegin vor Ärger kalt wird, muss ja irgendwas dran sein, oder?

Anders als ich mit meinen drei Vorurteilen schleppen Westdeutsche bei diesem Thema offenbar viele Komplexe mit sich rum. Grund genug haben die meisten. Vielleicht hat meine Kollegin aber auch einfach nur Pech mit ihren Ost-Verwandten, denn über deren Ansprüche beschwert sie sich gern: Wie könnten die nach vierzig Jahren Misswirtschaft erwarten, es müsse ihnen schon vierundzwanzig Jahre später so gut gehen wie den fleißigen Landsleuten im Westen?! Was dort als durchschnittlicher Wohlstand gilt, ist in ihren Augen im Osten immer noch eine Unverschämtheit. Und natürlich kann sie aus dem Stegreif vorrechnen, was dafür allein von ihren Steuern verschwendet und an Stasi-Renten versoffen wird.

Das mit den Stasi-Renten finde ich auch nicht schön, aber was soll der Geiz? Diese ständige Sorge, der Abstand zu angeblich fauleren und überhaupt unverdient lebenden Mitmenschen könne schmelzen, ist zum Beispiel auch so ein Charakterzug, der nach meiner objektiven Wahrnehmung im Osten weniger verbreitet ist.

Zugegeben, ein paar Idioten glauben hier auch, die in ihrer Gegend kaum vorhandenen Ausländer nehmen ihnen die in ihrer Gegend kaum vorhandenen Arbeitsplätze weg. Sonst aber hat die Erziehung zur »sozialistischen Persönlichkeit« neben allerlei Schaden am Selbstwertgefühl vor allem eine Spur hinterlassen: Du bist nichts Besseres, egal ob Anwalt oder Altpapiersammler – außer vielleicht die Genossen der Partei- und Staatsführung. Oder Handwerker. Oder Tante Uschi aus Köln. Für 2013 hatte ich mir sogar vorgenommen, Westdeutschen noch eine Chance zu geben, aber ich bin auch nur ein Mensch.

Das Leben ist kein Wettbewerb. Wer das in Schule, Kollektiv oder kollektivem Schlendrian über Jahrzehnte verinnerlicht hat, dem fallen Kinder der Marktwirtschaft eben öfter unangenehm auf. Nicht von Anfang an auf Status, Geld und Geltung konditioniert, drängelt man sich nicht vor, sondern stellt sich hinten an. Rangelt im Job nicht um lächerliche Abteilungsleiterposten. Lässt sich lieber fehlenden Ehrgeiz nachsagen, als vor Kollegen als rücksichtsloser Streber dazustehen. Besser überqualifiziert und untermotiviert als umgekehrt – und plötzlich Verteidigungsministerin.

Weil heute überall das Gegenteil zählt, stehen auch viele Westler mit dem Rücken zur Wand. Ihnen fehlt die Kraft, sich dort gemütlich anzulehnen und dem Strampeln der anderen amüsiert zuzusehen – etwa dem symbolischen Kampf um die symbolische Nummer Eins im deutschen Fußballtor.

Die beiden alten Nationalpfosten Kahn und Lehmann waren zu ihrer Zeit selten um eine Antwort verlegen, was für jeden selbst auf diesem Posten sprach. Klappern und der sogenannte Wille zum Erfolg galten in der Welt, aus der sie kamen, als Tugend. Bei ihren auch sonst viel sympathischeren Nachfolgern Enke und Adler konnten Journalisten dagegen nichts Vergleichbares rauskitzeln. »Darüber würde ich nie öffentlich reden«, antwortete Robert Enke einmal auf die Frage, was ihn gegenüber Adler auszeichne. Nach der Verbalprotzerei ihrer Vorgänger fand er es »wichtig, dass man mit Konkurrenzsituationen vernünftig umgeht«.

Oder nehmen wir zwei beliebige SPD-Ministerinnen für Arbeit und Soziales: Eine kündigte 1999 an, mit »Arschlöchern« nicht zu koalieren und stand als Ministerin einer Großen Koalition tatsächlich nicht mehr zur Verfügung. Die andere posaunte noch vor einem halben Jahr in die »Welt«, also in die Zeitung: »Wer SPD wählt, entscheidet sich gegen Frau Merkel und nicht für sie.« Dann diente sie ihr als Arbeitsministerin. Ob sich Kinder mit drei Monaten auf das Cambridge Certificate vorbereiten müssen oder ihren Eltern der spätere Marktwert noch egal ist. Ob sie sich ehrlichen Herzens über die Beförderung von Kollegen freuen können oder hektische Flecken bekommen. Man könnte die Beispiele ewig fortsetzen – und obwohl ich sie gerade nicht nach Herkunft sortiert habe, haben Sie es beim Lesen doch getan – oder?

Meine Kollegin entgegnet dann gern, auf solche albernen Befindlichkeiten käme es nicht an. Entscheidend sei, wer am Ende im Tor steht. Und über »Schnauze Wessi« sagte sie anfangs mal: »Na, ob du dir damit einen Gefallen tust?!« Der Satz waberte ein paar Sekunden hin und her. Typisch Westen, war mein erster Ostgedanke: Immer muss alles einen Zweck haben, Vorsatz und Karriere. Trotzdem verunsicherte mich ihre fürsorgliche Ehrlichkeit kurz. Ein Rest Ost-Prägung steckt nämlich auch noch in ihr, seit sie von ihren Eltern als Kind in den Westen verschleppt wurde. Womöglich ist es bei ihr aber auch nur wie bei Ex-Rauchern, die ihre eigene Vergangenheit und alle, die immer noch daran hängen, besonders tief verachten.

Deshalb rauchen wir nach dem deutsch-deutschen Eintopf meist noch eine Friedenszigarette und langweilen uns gegenseitig mit guten Vorsätzen, die sie selbstredend viel lauter und vorsätzlicher vor sich herträgt.

Noch komischer als mit schlechtem Gewissen zu rauchen finde ich es allerdings, dafür in den Raucherbereich zu wechseln, statt schon beim Essen dort zu sitzen. Immer wollen sie alles! Aber das ist auch schon wieder schwer vermittelbar: Meine Kollegin versteht gar nicht, was daran asozial sein soll – an guter Luft zwischen zwei Zigaretten? Außerdem störe es ja keinen.

Die letzten Einheimischen, falls es die in Restaurants von Berlin-Mitte überhaupt noch gibt, sagen tatsächlich nichts. Sie ahnen wohl, dass ihnen – wie mir – im Zweifel sofort Diktaturverhalten unterstellt wird: Entweder gehöre man zu denen oder jenen, alles dazwischen würde von uns Gleichmachern nicht akzeptiert, Freiheit, Individualität und so weiter ...

An diesem Punkt gebe ich dann meistens nach. Immerhin haben wir schon in der Schule gelernt, dass DDR-Bürger im besseren Deutschland lebten. Diese überhebliche Leisetreterei mag zwar auch nicht besser sein als ihre vorlaute Besserwisserei. Aber wir wären es gerne. Wenigstens das!

> *»Bei schlechtem Wetter findet die Revolution im Saale statt.«*
> Erwin Chargaff

DIE USEDOM-KRISE

Wann greift Putin in Ostdeutschland ein? Solange Henry Maske brav US-Bouletten brät, wird sich der Westen immer für seine russische Gasheizung entscheiden. Ein Hilferuf

Weil es für kleine weltpolitische Korrekturen offenbar nie zu spät ist, möchte ich euch, товарищ Putin, heute um Beistand für ein weiteres ehemaliges Bruderland bitten. Die russischsprachige Minderheit in Deutschland leidet seit fast fünfundzwanzig Jahren unter ethnischer Diskriminierung. Sie löffelt heimlich eine dünne Soljanka, die sie sich angeblich selbst eingebrockt hat. Ihr verkümmertes Schulrussisch reicht gerade noch für die Höflichkeitsform in der zweiten Person Plural. Es ist eine Schande.

Wie ihr aus eurer damaligen Tätigkeit beim KGB in Dresden sicher noch wisst, gab es hier 1989 auch einen »verfassungswidrigen Putsch«. Der Kreml ließ sich seinerzeit allerdings von den Scorpions einlullen, bis Gorbatschow der Wind of Change selbst um die Ohren pfiff: Erst verlor er die Ukraine, dann die ganze

Sowjetmacht. Am Ende blieb nur ein läppischer Friedensnobelpreis – also: Obacht, großer Bruder! Внимание!

Leider – Критика и самокритик – stand ich damals auch auf der falschen Seite. Verblendet wie die Rowdies in der Leipziger Partnerstadt Kiew hielten wir für Freiheit, was der Westen dafür vorgaukelte. Manche dachten sogar, Lobbyismus sei etwas anderes als Korruption – und Fernsehen das gleiche wie Meinungsfreiheit. Der Westen jubelte und unterstützte uns, bis eine scheinbar homogene Opposition scheinbar nur noch eins wollte: Deutschland einig Vaterland.

Tatsächlich geht bis heute ein Riss durchs Land. Auch hier drehten Nazis jahrelang frei. Wir haben unsere schöne friedliche Konterrevolution für Westgeld verkauft und wollten das, ehrlich gesagt, auch nicht gleich wieder mit Rumänen oder Ukrainern teilen. Woher sollten wir wissen, dass der Westen immer nur neue Arbeitskräfte braucht, die ihm den überflüssigen Mist auch noch abkaufen, den sie für lächerliche Löhne produzieren? Dass es nie um Menschen, deren Rechte oder irgendeine lupenreine Demokratie geht, sondern um Absatzmärkte und Profit.

Möglicherweise werden sie euch, Wladimir Wladimirowitsch, drohen, dass ihr nicht mehr mit Großmächten wie Japan, Italien und Deutschland bei G8 mitspielen dürft. ЛОЛ! Ihre Kinder schaffen bei G8 nicht mal Abitur! Sie reden überheblich vom »russischen Staatsfernsehen« und finanzieren diese Propaganda mit Fernsehsteuern. Die Achsenmächte der

Guten rümpfen die Nase über »Oligarchen«, dabei werden ihre Konzerne auch nur von wenigen Familien kontrolliert. Zum Schein und aus Not kollaboriere ich zwar auch noch mit ihnen, aber dafür kann ich euch verraten, dass sie alle nur bellen. Sie haben keine Ahnung, aber wissen bei jedem Krimskrams, »was Putin wirklich will«. Was gut für die Ukraine ist. Für Libyen. Die Welt.

Als die Bundeswehr Belgrad bombardierte oder ostdeutsche Kasernen übernahm, regte sich kein Außenminister über einen »Akt der Aggression« auf. Immerhin sah der Westen nicht tatenlos zu, als 17 Millionen Menschen ihr Volkseigentum verloren, sondern nahm selbst, was er tragen oder abschreiben konnte. Völkerrecht? Souveränität? Nichteinmischung? Vielleicht muss man die Brüder und Schwester in der Ukraine auch noch mal warnen, wem ihre Häuser, Felder und Fabriken gehören, wenn die Aufbauhilfen und Kredite zurückfließen.

Das mit Pussy Riot – nehmt mir diesen belehrenden Westler-Ton bitte nicht übel – war zumindest RP-mäßig ein Fehler. Wenn er nicht viel riskiert, setzt sich der Westen immer gern für Schwächere ein, egal ob für Homosexuelle oder den Kosovo, ein paar Amerikaner auf Grenada oder die Punkrock-Frauenquote. Der Form halber wird es sicher auch Proteste geben, sobald ihr die Scorpions in einen Gulag verbannt und euch die DDR einverleibt. Aber in diesen beiden Fällen werdet ihr auch auf viel Verständnis stoßen – jedenfalls nicht auf offenen Widerstand. Eine bezahlbare Gasheizung ist dem Westen allemal lieber als Frankfurt (Oder).

Falls sich Krenz oder Schabowski auch schon gemeldet haben – gebt nichts darauf! Diese Versager können nicht mal eine Pressekonferenz inszenieren, ohne aus Versehen die Welt auf den Kopf zu stellen. Auf Leute wie Merkel und Gauck ist dagegen nach wie vor jedem Umsturz Verlass. Deshalb halten sie sich auch jetzt noch mehr zurück als ich: Man weiß ja nie, wie's kommt. Wegen unserer ehemaligen Armeeboxer Axel Schulz und Henry Maske müsst ihr euch auch keine Sorgen machen: Der eine ist zufrieden, dass er für McDonald's eine Art Kaliningrader Klopse braten darf. Der andere wirbt für die westdeutschen Grillzangen dazu und hat selbst noch eine Rechnung mit den Klitschkos offen.

Bitte stationiert doch zunächst ein paar Elitetruppen auf Usedom, notfalls auch ohne Hoheitszeichen – oder ich gebe mich mit ein paar anderen Reservisten der Nationalen Volksarmee als »Selbstschutzkräfte« aus. Uniformteile für eine Invasion gibt es am Brandenburger Tor genug. Die Polen – NATO hin oder her – werden auch kaum Theater machen. Sie wissen seit 1939, was westliche Beistandsgarantien wert sind. Danach könnt ihr immer noch verhandeln. Für Schalke oder den Rückzug eurer Touristen von Mallorca wird der Westen gern auf die Gebiete bis zur Elbe verzichten. Seine Angst vor Russen ist immer noch so groß, dass diesmal bestimmt auch ganz Berlin drin ist. Muss aber nicht sein, gibt sowieso nur noch

Schwule und Schwaben da – und nicht mal einen brauchbaren Flughafen. Thüringen und Sachsen wären mir persönlich wichtiger.

Für meine wiederentdeckte Loyalität würde ich mich außerdem über die Ölraffinerie in Leuna und vielleicht noch einen Fußballklub freuen. Ich dachte an Dynamo Kiew, zur Not auch Dresden – vorausgesetzt Genosse Schröder meldet keine älteren Rechte an. Der könnte aber auch erst mal seinen Wichtigtuer Steinmeier zurückpfeifen und dafür später – nach der Sylt-Krise – VW und Hannover 96 bekommen. Что вы думаете?

Apropos Pfeifen und Hannover: Wusstet ihr eigentlich, wie eng Schröder und Steinmeier mit diesen Scorpions sind? Und wer dieser Band 2009 einen Preis für ihr »Lebenswerk« überreicht hat? Wladimir Klitschko.

Bevor ich mich um Kopf und Kragen denunziere, weil ihr die Scorpions oder Klitschkos eigentlich auch mögt, singe ich es vorsichtshalber noch mal mit: »Take me ...« Nichts anderes hat sich nun offenbar die Krim von euch gewünscht, und der grauenhafte Ohrwurm wird auch hier noch ein paar Leser durch den Tag begleiten. Da sind echte Opfer, Zeichen der Solidarität – so geht Indoktrinierung. Falls ihr, Väterchen Putin, die Zeit für einen Einmarsch in Angela Merkels Wahlkreis trotzdem noch nicht für reif haltet, erkläre ich diese Zeilen mit eurem Einverständnis einfach für eine gefälschte russische Cyberattacke. Sollen die Angsthasen ruhig glauben, es wäre alles nur Spott über ihre Großmäuligkeit, wenn ich sage: Schnauze Wessi!

> »Wer jemals ein Führungskräfte-Meeting westdeutscher Chefchen
> erlebt hat, der weiß, dass die Welt im Grunde ein
> umgekehrter Swingerclub ist: Alles muss, nichts kann.«
> Ulrike Gastmann (Lehrerin und Poetin in Leipzig)

G8, G9 – GEH HEULEN!

*Viele westdeutsche Schüler müssen nun wieder länger zur
Schule – und lernen trotzdem weniger als Altersgenossen
im Osten. Sind sie zu blöd, oder tun sie nur so? Eine Sys-
temfrage*

Es erschreckt mich selbst jedes Mal, aber ab und zu
denke ich über einen Umzug nach Hamburg oder
Köln nach. Selbstredend geht es dabei nicht um »schöner Wohnen« oder nettere Nachbarn, nicht mal um
mehr Geld oder die vielen Westdeutschen, die mir in
Leipzig auf die Nerven gehen. Vielmehr hat es mit den
Zeugnissen naher Verwandter zu tun, über die ich
hier nur so viel verraten möchte: Im Westen wären
Zensuren kein Thema an unserem Abendbrottisch.

Allein in Naturwissenschaften, so ergab der letzte
große Schulleistungsvergleich, hängen westdeutsche
Schüler ihren Altersgenossen im Osten zwei Schul-
jahre hinterher. In Mathe oder Deutsch sieht es laut
IGLU, PISA und so weiter kaum besser aus. Alles in
allem müsste jeder sächsische Grundschüler mit ei-

nem Umzug nach Hamburg eigentlich sofort die allgemeine Hochschulreife bescheinigt bekommen – ganz egal wie alt er ist oder in welche Klasse er zuletzt ging. Es wäre zwar nur ein West-Abitur, aber geschenkt: Selbst damit sind – zumindest seit 1990 im Osten – erstaunliche Karrieren möglich.

Sieht man sich Lehrpläne, Leistungsunterschiede und das Westfernsehen mal genauer an, ist es auch kein Wunder, dass sich die bildungsfernen Bundesländer seit Jahren gegen vergleichbare Schulabschlüsse sträuben. Nach aktuellen Erhebungen gilt in Nordrhein-Westfalen jeder siebente Erwachsene als Analphabet. Nicht mal Bayern taugt noch als Legende für vergleichsweise gute Schulen, seit in Coburg herauskam, wie Schulleiter frei Hand Abiturnoten schönen. Seltsam bleibt nur, warum sich der Westen für dieses jämmerliche Niveau so verzweifelt an das 13. Schuljahr klammert? Könnte das, was sie G8 oder schaudernd »Turboabitur« nennen, das Elend wirklich noch verschlimmern? Wird über die gleichen Defizite nicht schon seit dem Sputnik-Schock 1957 gejammert? Überhaupt wirken sogenannte Bildungsdebatten im alten Westen stets viel ideologischer, wenn nicht idiotischer als in der alten DDR.

Mal sind die Ausländerkinder an allem schuld, mal reformpädagogische Menschenversuche wie »Schreiben nach Gehör«. Außerdem grassiert den Fallzahlen zufolge offenbar insbesondere im Westen eine Seuche namens Mathe-Lese-Rechtschreibschwäche. Statt Noten gibt es dann ein Attest – und betroffene Kinder müssen auch nicht drei Jahre sitzenbleiben, wenn ihre Eltern für einen Posten nach Thüringen umziehen. Passenderweise nennt sich das »Nachteilsausgleich«. Am oft vermuteten Zusammenhang zwischen Armut und mangelnder Bildung kann es jedenfalls nicht liegen, denn ostdeutsche Kinder führen in beiden Disziplinen mit Abstand.

Der West-Berliner Hobbygenetiker Thilo Sarrazin würde das schulische Ost-West-Gefälle vielleicht mit ethnischen Erbdefekten erklären. Schließlich schaffen die einen schon seit Generationen ein schwereres Abitur in kürzerer Zeit. Auf der anderen Seite gibt es immer wieder rätselhafte Studien, nach denen Viertklässler in Nordrhein-Westfalen zwar kaum lesen können, aber später trotzdem zu 59 Prozent eine Hochschulzulassung bekommen.

Damit gehört das westlichste Bundesland immerhin in der zweifelhaften Qualitätskategorie »Zertifikatsvergabe« zur bundesweiten Spitze, und es ist sicher nur Zufall, dass die Autoren dieser Studie selbst in Dortmund und Münster studiert haben. Woher ihr Abitur stammt, liegt da zwar nahe, aber wird in den veröffentlichten Lebensläufen wohlweislich verschwiegen. Einer hat inzwischen einen Lehrstuhl in Jena ergattert. Und so kann man – Stichwort: Inklusion – sogar noch Bildungsforscher werden, wenn man nur eine Bildung in Nordrhein-Westfalen genossen hat.

Mein zweitbester bester Freund Ludger hat sich dort vor dreißig Jahren ein Abitur aus Leistungskursen in Englisch und Sport zusammengepuzzelt. Religion war ihm zu viel Büffelei. In Mathematik, für den Westen an sich systemimmanent, schneidet er bis heute ähnlich ab wie seine Neffen beim PISA-Test. Offenbar muss niemand rechnen können, um in einem berechnenden Wertesystem zu bestehen – so wie das Förderschulniveau westdeutscher Gymnasien nicht allein am Föderalismus liegen kann.

Woran aber krankt dieses Bildungssystem wirklich, das gern für seine »Vielfalt« gepriesen beziehungsweise damit entschuldigt wird? Wenn schon die Kinder nichts davon haben – wem nützt es dann, wenn der Flickenteppich aus Lehrplänen und Sonderregeln immer weiter wuchert? Wo knallten die Sektkorken, als vor wenigen Tagen rauskam, dass mit Niedersachsen ein weiteres Bundesland zum Abitur nach dreizehn Jahren zurückkehrt? Wer lanciert vermutlich sogar die angeblichen Volksbegehren für eine entsprechende Wahlfreiheit in Hamburg und Bayern?

Die Antwort liegt zwar auf der Hand, aber weil es auch ein paar Leser mit Westabitur gibt, will ich es noch deutlicher machen: Wer profitiert am Ende davon, dass praktisch jede Schule machen kann, was sie will – und es pro Bundesland mindestens drei verschiedene Lehrbücher für Mathe, 8. Klasse geben muss – die mit höherem Niveau für sogenannte »Sprinterklassen« und in den Westen verschleppte Ost-Kinder noch nicht mal mitgerechnet? Richtig: Allein die westdeutschen Schulbuchverlage. Deren Lobbyisten haben das ewige Hin und Her aus Reförmchen und Mittelalter offenbar dermaßen geschickt eingefädelt, dass es nun sogar so aussieht, als knickten die Ministerien der veralteten Bundesländer bei der »G8«-Diskussion lediglich vor Eltern und Lehrern ein, die wieder jeden Nachmittag frei haben oder die Kosten für Nachhilfe sparen wollen.

Gewissermaßen aus Notwehr hat man im Westen über die Jahrzehnte ausgeklügelte Methoden entwickelt, sich die notdürftige Bildung nicht anmerken zu lassen. Deshalb reden sie einfach lauter, wenn sie keine Ahnung haben, und tragen noch die dunkelste Funzel wie eine Fackel vor sich her. Das funktioniert, weil ihre Chefs – also leider auch unsere – selbst nicht heller leuchten, sondern nur blenden. Das wiederum musste unsereins trotz besserer Schulbildung erst lernen. Und so habe auch ich, obwohl ich das »Peter-Prinzip« schon zu Ost-Zeiten gelesen habe, erst 1990 verstanden, was es wirklich bedeutet, Inkompetenz in Karrierestufen zu messen.

Seitdem verblöden die Kinder leider auch an unseren Schulen. Oft werden nicht mal mehr Diktate geschrieben, weil westdeutsche Beamte in ostdeutschen Kultusministerien glauben, das hätte etwas mit Diktatur zu tun. Wenn Ostberliner Schüler heute an die Tafel müssen, geht es meist um eine warme Mahlzeit nach der Schule. Dafür können sie – im Gegensatz zu Kindern aus Düsseldorf – den Speiseplan lesen und auch schon den Wartenummer-Automaten im Hartz-IV-Amt bedienen. So gesehen bin ich nach einer ehrlichen Vier in Leipzig wieder recht entspannt. Nach Westmaßstäben ist das mindestens eine Zwei – und immer noch besser als dreizehn Jahre gar nichts zu lernen.

> *»Es gibt Leute, die wollen lieber einen Stehplatz in der ersten Klasse als einen Sitzplatz in der dritten.«*
> Kurt Tucholsky

IM ZUG DER DEUTSCHEN EINHEIT

Alle schimpfen auf die Bahn – vor allem Leute, die nie Reichsbahn fahren mussten. In Wahrheit funktioniert die Deutsche Einheit auf Schienen beinahe tadellos. Eigentlich nur dort. Ein Lob

Kühles Leder schmeichelt meinem Rücken. Ich strecke die Beine aus und möchte wenigstens einmal nicht klagen, das Positive sehen – wenn auch nur für ein paar Stunden im ICE nach Leipzig. Allein die Richtung stimmt mich milde. Meist schaffe ich in Hamburg sogar einen Zug eher zurück als geplant, doch dieser Fluchtreflex ist schon wieder eine andere Geschichte.

Aus ähnlichen Gründen vermeide ich normalerweise Bahnfahrten 1. Klasse. Sie sind zwar auch für Ost-Mitarbeiter des Verlags, der mich ausbeutet, nicht grundsätzlich verboten, aber die übliche Reise-Apartheid tut meinem Blutdruck gut. Ich weiß, wohin ich gehöre. Nur wenn es in der 2. Klasse zu voll ist, überwinde ich meinen Stolz. Und diesmal scheint es sogar für den doppelten Fahrpreis halbwegs erträglich zu werden.

Lediglich ein älteres Ehepaar, zwei Reihen hinter mir, plappert so laut, als wären sie allein oder taub. Als der Zug anrollt, lässt ein Aufbauhelfer schräg gegenüber seinen Ehering im Portemonnaie verschwinden. Wie viele seiner Art hat er vermutlich eine Freundin in Wittenberg oder Gera. Ich zwinkere ihm verschwörerisch zu, da versteckt er sich sofort – ertappt! – hinter einer dieser viel zu großen Wichtigtuer-Zeitungen.

Wir passieren die Vororte von Hamburg, und einmal mehr drängt sich die Frage auf, wieso die angloamerikanischen Bomber danach noch unbedingt bis Dresden mussten ... Aber ich wollte ja mal nett sein. Also übe ich mich weiter in stiller Bewunderung für die Bahn: Was für eine Meisterleistung allein, jede Woche dieses innerdeutsche Hin und Her zu organisieren! Während die einen montags 2. Klasse von Ost nach West pendeln, braucht man am Dienstag für die Gegenrichtung vor allem Wagen der 1. Klasse. So teilen Wochenarbeitszeit und Fahrtrichtung die Menschen nach wie vor auf beinahe natürliche Weise. Wie aber können jeden Freitag in Hamburg genug Wagen der 2. Klasse bereit stehen, wenn dort am Donnerstag nur welche der 1. Klasse ankamen? Wirklich genial!

Das oft gescholtene Unternehmen ist überhaupt ein schönes Vorbild für die noch öfter beschworene deutsche Einheit. Das fängt mit dem Namen an: Aus

»Deutscher Bundesbahn« und »Deutscher Reichsbahn« wurde beinahe gleichberechtigt »Die Bahn«. So etwas stiftet Identität und hätte zum Beispiel auch einem gemeinsamen Parlament gut angestanden. Ob nun Volkstag oder Bundeskammer, aber nichts dergleichen – allein »die Bahn verbindet«.

Vor dem Fenster rast das Brandenburger Elend vorbei. Versteppende Felder, verlassene Höfe, nur noch Windräder drehen sich hier. Neuerdings, so steht es im »Bahn-Magazin«, bezieht der größte deutsche Stromverbraucher »23 Prozent Öko«. Im Grunde segele ich also nach Hause. Wenn das laute Ehepaar nicht wäre, könnte alles wunderbar sein.

Nach einer halben Stunde weiß ich, dass sie in Bremen einen Gärtner aus Mecklenburg beschäftigen, auf den kein rechter Verlass ist. Dass sie erstmals nach Dresden fahren und die Frau lieber die »Zauberflöte« gesehen hätte, aber ihr Mann offenbar keinen Einfluss auf den Spielplan der Semperoper hat. Dafür versucht er, ihr das Grüne Gewölbe schmackhaft zu machen, das gerade für 45 Millionen restauriert wurde. Von unserem Geld, zischt sie. Es ist nur ein rhetorisches Flüstern, nicht für mich bestimmt. Aber sie können nicht leise. Erst recht nicht, als sie die Zugbegleiterin wegen sieben Minuten Verspätung zur Rede stellen, die wir schon aus Hamburg mitgebracht haben.

Sie entschuldigt sich dennoch freundlich, bittet um die Fahrscheine und fragt, ob die Herrschaften etwas aus dem Speisewagen wünschen. Natürlich wünschen

sie. Der Ehebrecher hält seine Bahncard »100 First«
in die Gang, ohne von der Zeitung aufzuschauen.
Und als müsste ich das Verhalten der anderen wieder-
gutmachen, streiche ich meine Internetfahrkarte extra
glatt und lächle aufmerksam, bis ich dran bin. Selbstverständlich hole ich mir auch meinen lauwarmen
Filterkaffee im Pappbecher selbst.

An den 2,80 Euro dafür gibt es nichts auszusetzen.
Immerhin muss die Bahn für die Opfer ihrer Klima-
anlagen Millionen-Entschädigungen aufbringen. Es
gibt sogar immer noch Leute, die den kompletten
Fahrpreis in die Arbeits- und Vernichtungslager zu-
rückwollen, den die Reichsbahn seinerzeit von den
Nazis bekam – nach Berechnungen des Vereins »Zug
der Erinnerung« (in heutigem Geld »mindestens 445
Millionen Euro«, mit Zinsen über 2 Milliarden). Dazu
die Kosten im Zug der Deutschen Einheit und der
Flut. Das ist mir mit ein paar Verzehr-Gutscheinen
nicht getan. Und da regen sich die Leute noch auf,
wenn höchstens einmal im Quartal die Fahrpreise
steigen?!

Stuttgart 21, Betriebsurlaub in Mainz, Verspätung –
Westdeutsche haben immer was zu meckern. Unsereins dagegen musste vor gar nicht langer Zeit noch
fünfundsechzig Jahre auf einen Zug in den Westen
warten. Inzwischen ist man in drei Stunden in Hamburg, zumindest laut Fahrplan. Aber beklage ich mich?

Toiletten außer Betrieb – na und? Wer sein Gesicht
einmal aus dem Fenster eines Reichsbahn-D-Zuges
gehalten hat, möchte verstopfte Sammelbehälter nie

mehr gegen Sommersprossen vom Fahrtwind tauschen. Wer jemals bis Budapest in einem schmierigen Gang lag, fühlt sich selbst im überfülltesten Bordbistro wie ein König. Klar, manches erinnert auch an früher: Im Sommer fallen Züge aus, weil es zu warm ist; im Winter, weil es schneit. Aber was ist denn im Frühjahr und im Herbst? Da sind fast alle pünktlich! Wenn nicht, verkürzt einem die Bahn mit ihrem zwei Meter langem »Fahrgast-Rechte-Formular« die Zeit. So vergeht die Fahrt wie im Flug.

Die Bremer verpassen sogar den Umstieg in Berlin und studieren nun ihre Verbindung von Leipzig nach Dresden. »Über Riesa?«, staunt die Frau, »ich dachte, das liegt in Litauen.« Weil weghören nicht mehr geht, rufe ich: Lettland! Riesa sei die lettische Hauptstadt. Sie bedanken sich verstört mit einem Nicken und zanken sich danach zwei Minuten in Zimmerlautstärke. Na also, geht doch – fast so rücksichtsvoll wie die Bahn.

Als 2008 plötzlich ICE-Räder brachen, setzte man die heilen Züge vorsichtshalber im Westen ein, im Osten dagegen alte Regionalzüge, die als ICs angemalt waren. Nachdem der Fehler eines westdeutschen Zugführers in Sachsen-Anhalt zehn Menschenleben gekostet hatte, rüstete die Netz AG prompt auch dort – wie auf westdeutschen Gleisen Standard – automatische Bremsen nach. Weil Sicherheit vorgeht, wurden sogar die neuesten Züge mit Internet-Hotspot erst ein paar Jahre im Westen getestet. Und auch sonst schaut die Bahn nicht auf den Cent.

Allein die ICE-Strecke Nürnberg-Erfurt sollte ursprünglich 5,2 Milliarden Euro kosten, wenn sie 2004 fertig geworden wäre. Inzwischen geht man von 10 Milliarden aus, und nachdem ein »parlamentarischer Unterstützerkreis« zur »Vollendung des Verkehrsprojektes Deutsche Einheit Nr. 8« Druck machte, wird neben 2016 auch das Jahr 2020 genannt, für die dazugehörige »Ausbau-Strecke« 2041. Das wären siebenunddreißig Jahre Verspätung! Vermutlich wohnt dann gar niemand mehr in Thüringen. Aber im Ruhrgebiet jammern sogar schon Studenten, wenn sie mal eine Stunde am Bahnsteig frieren und die Bahn-App – auch das noch – ihr Smartphone lahmlegt.

In Leipzig denke ich einen Moment daran, den Polterpensionären bei ihrem Gepäck zu helfen. Aber sie meckern schon wieder, statt froh zu sein, dass es diesmal ein Kopfbahnhof ist und die Züge nicht gleich vorbeidonnern wie in Wolfsburg ab und zu. Solche Nester werden im Osten gar nicht mehr im Fahrplan berücksichtigt. Die sollen einfach Autos bauen da, die Hamburger Elbphilharmonie besuchen und ansonsten – na gut, ich verkneif es mir mal.

> *»Man kann sich nicht darauf verlassen, dass das, was vor den*
> *Wahlen gesagt wird, auch wirklich nach den Wahlen gilt.«*
> Angela Merkel

BLUFFEN FÜR
FORTGESCHRITTENE

Anders zu reden als zu denken haben DDR-Bürger lange
trainiert. Dass es auch heute nicht schadet, führt Angela
Merkel seit Jahren vor. Eine Nachhilfe

Manchmal tun sie einem beinahe leid: westdeutsche
Journalisten etwa, die sich jahrelang durch den Ab-
kürzungsdschungel abgewickelter Massenorganisa-
tionen wühlen – nur um zu enthüllen, dass »Das
erste Leben der Angela M.« – so der Titel eines neuen
Buches – vermutlich doch in der DDR spielte. »Sys-
temnah« zudem, also genau wie heute. Ebenso ihre
unbemannte Verteidigungsdrohne, die fleißige Quo-
ten-Biene von der Leine und alle SPD-Funktionäre,
die nun auf deren Posten scharf sind – aber so tun,
als ginge es um mehr. Nicht zu vergessen meine
Chefs oder dieser arme Richter in München, der den
Rest seiner Laufbahn mit Beate Zschäpe verbringen
muss ...

Abgesehen von ihren individuellen Päckchen teilen all diese Leute ein Schicksal, das sie aufgrund ihrer selbstbewussten Sozialisation nicht mal als Problem erkennen: Sie bilden sich ein, Ostdeutsche wie Frau Merkel oder Frau Zschäpe durchschauen zu können – und sind ihnen damit weitgehend wehrlos ausgeliefert. Nicht nur in Koalitions- oder Gerichtsverhandlungen.

Uli Hoeneß glaubt womöglich immer noch, sein Präsidentenkollege Gauck meinte mit »asozialen« Steuerhinterziehern nicht ihn persönlich. Westdeutsche Stammtisch-Sozialisten fühlten sich nicht mal veräppelt, als ihnen Angela Merkel für 150 Jahre Opportunismus eine »unbeugsame Stimme« attestierte. Dabei sagt sie genauso schamlos: »Deutschland ist kein Überwachungsstaat.« Andere Ostdeutsche heucheln: »Gib Westdeutschen eine Chance!« Und Jan Ullrich hat selbstredend nie gedopt.

Manche Westdeutsche nehmen vielleicht sogar noch zwei oder drei Grautöne wahr. Aber die bunte Vielfalt zwischen glaubwürdigem Selbstbetrug und Bluff bleibt ihnen meist verborgen. Stattdessen lügen sie sich ihre eigenen Lebenslügen schön. Lavieren, kaschieren und verrenken sie sich bis zur Skoliose, weil sie nie mit geradem Rücken schwindeln mussten, um noch ehrlich in den Spiegel schauen zu können.

Deshalb gibt es auch immer wieder diese Missverständnisse, sobald über »Systemnähe« in der DDR oder Wahlkampfgeschwätz von gestern schwadroniert wird. Ob Angela Merkel nun doch mit der SPD einen Mindestlohn einführt, der dann natürlich anderes heißt und selbstredend nicht für den fast flächendeckend tariflosen Osten gilt; ob sie in der FDJ für Kultur oder Agitation zuständig war, in der DSF für den Samowar oder in der paramilitärischen GST für die gebügelten Käppis, ist nicht nur eine Frage des flexiblen Charakters, sondern auch der beweglichen Zunge. Das muss keiner verstehen, der nie so viele Mitgliedsmarken geleckt hat wie sie oder diesem Gruppendruck – anders als Merkel – widerstand.

Sich seinen Teil zu denken und zu schweigen, haben die meisten DDR-Bürger in der Schule gelernt und danach ausgiebig geübt. Westdeutsche sind auch nicht ehrlicher, aber stellen sich dabei erstaunlich unbeholfen an. Wahrscheinlich sind sie es seit 1945 gewohnt, immer mitreden zu wollen, zu dramatisieren oder zu resozialisieren. So will sich Wolfgang Schäuble zwar in einem »Spiegel«-Interview »als jemand, der im Westdeutschland großgeworden ist« kein Urteil anmaßen. »Aber so viel steht« für ihn gleich im nächsten Satz fest: »Die Kanzlerin hat in der DDR ein anständiges Leben geführt.« Solche Persilscheine sind nicht weniger impertinent als ihr Gegenteil. Westdeutsche reden über den Osten immer noch wie Blinde, die sich über einen Stummfilm streiten. Selbst mit Untertiteln werden ihnen diese penetrant zurückhaltenden Leute immer ein Rätsel bleiben.

Dass nichts zu sagen auch heute nicht schadet, führt Angela Merkel täglich vor. Sie schweigt und redet in einem Atemzug sogar über das Gleiche – und Westdeutsche sind so verwirrt von ihren Gedanken, dass alle glauben, sie hätte sich welche gemacht. Ob die griechische Eurozone weich und die eigene gleichzeitig hart ist. Ob sie je nach Windrichtung in die Atomkraft ein- oder aussteigt – alles scheint etwas mit ihrem Physikstudium zu tun zu haben. Systemstreber-Gene verwechseln sie mit »Pragmatismus« – oder wie es der einzig berufene Westdichter Wilhelm Busch formulierte: »Die über Nacht sich umgestellt und sich zu jedem Staat bekennen – das sind die Praktiker der Welt, man könnte sie auch Lumpen nennen.«

Die Routine dabei ist auch ein wenig unfair: Ursula von der Leyen, zum Beispiel, stand nie im FDJ-Hemd stramm, muss sich weder für ihre familiäre Herkunft noch für die Mitgliedschaft im Stifterkreis des Mädchenchors Hannover rechtfertigen – aber nun trotzdem bis 2020 warten, bevor sie per Frauenquote vielleicht doch noch Kanzlerin wird. Sie lächelt zwar tapfer dazu, aber keiner nimmt ihr das ab.

Wie vielen ihrer Landsleute steht ihr dabei nicht nur Ehrlichkeit im Weg. Erst wenn ein Schwindel auffliegt, halten es Westdeutsche für klug, sich dumm zu stellen. Weil es aber oft umgekehrt ist, rennen sie reihenweise moralische Hürden um, die sie vorher selbst aufgebaut haben. Warum sonst spart jemand wie Hoeneß heimlich Steuern, aber zeigt mit Wurstfingern auf andere Steuerhinterzieher? Wieso feierte der Westen über Jahrzehnte Reformpädagogen, obwohl es im Odenwald nur um den erweiterten Analschulabschluss ging? Und da reden wir noch nicht über Mathematik. Günter

Grass, das westdeutsche Nachkriegsgewissen, muss inzwischen sogar den eigenen Maßstab mit Doppel-S schreiben. Das ist der Unterschied zur leichtfüßigen Hindernisläuferin Angela Merkel: Frühere Elche leeren immer die bittersten Kelche.

Unsereins dagegen nickt undurchschaubar, wenn westdeutsche Chefs ihre durchschaubaren Tricks aus dem Führungskräfteseminar ausprobieren. Sie können nämlich trotzdem nicht zwischen den Zweigen lesen – und grübeln in diesem Moment, ob das nur ein Tippfehler war oder was diese Zweige zwischen den Zeilen bedeuten sollen. Natürlich – reingefallen! – nichts. Außer vielleicht: Wer will, solange er sich über nichts den eigenen Kopf zerbricht, hinter die fremde Stirn eines Ostdeutschen blicken?!

Diese Zschäpe sagt vor Gericht nicht mal nichts, und das sagt schon alles – zumindest einem »Experten« aus Bochum, der für »Focus online« ihre »extrem verschränkten Arme« als »aggressive Zurücknahme« entlarvt. Dass die Angeklagte nicht mal in Springerstiefeln vor Gericht steht, sondern – »Was trägt Frau Zschäpe heute?!« – in einer fliederfarbenen Bluse, wird in der Ferndiagnose zu einem »verräterischen Auftritt«, der Gesinnung und Hass nicht verbergen könne. Im Grunde hat sie damit schon gestanden. Da geht es ihr fast wie dem Jugendpfarrer aus Jena, der vor Leuten wie Zschäpe immer gewarnt hat und dafür – rätselhafter Rechtsstaat – ein paar Wochen zeitgleich in Dresden vor Gericht stand. Natürlich verhandelten auch dort ausschließlich westdeutsche Juristen, ob Lothar König nun ein Aufwiegler ist oder sich nur in seinem Begriff von Zivilcourage vom Abziehbild eines Pfarrers unterscheidet, wie sie das aus Bayern kennen. Besonders verwirrend schien zu sein, dass es Menschen gibt, die schon in der DDR nicht so »systemkonform« waren, wie es der Westen Merkel bescheinigt – und es auch heute nicht sind. Man darf dabei nur nicht die Arme zu extrem verschränken.

»Deutschland ist kein Überwachungsstaat.«
Angela Merkel, 2013
»Aber ich liebe doch ... ich liebe doch alle Menschen.«
Erich Mielke, 1989

BESETZEN, ABWICKELN, FERTIG

Böse Vergleiche zwischen demokratischen Geheimdiensten und der Stasi liegen derzeit nahe. Sie verbieten sich aber, um den freien Westen nicht noch mehr zu verunsichern. Ein Trost

Im Frühjahr 1986 fand die DDR-Staatssicherheit heraus, dass ich »viel Rad« fahre, unsere Familie »an Staatsfeiertagen nicht flaggt«, aber meine Mutter trotz alledem »einen sauberen und ordentlichen Haushalt« führt. Ein Zuträger wusste außerdem zu berichten, dass »der W. noch keinen Umgang mit dem weiblichen Geschlecht sucht«. Und als ich das – Jahre später – selbst las, war ich ehrlich gesagt ziemlich enttäuscht. Nicht nur von der Stasi.

Gegen manche Freunde, die sich nach 1990 mit mehreren tausend Seiten in etlichen Ordnern schmücken konnten, wirkte meine Stasi-Akte wie ein schlampig geführter Schulhefter: Gerade mal 77 Seiten, zudem voller Fehler und Verwechslungen. Besonders ärgerte ich mich über die Sache mit den Mädchen und das Gesamtergebnis der »operativen Ermittlung«, wonach über meinen »gesamten Lebenswandel nichts Nachteiliges zu ermitteln« war. Das wäre Jugendlichen selbst heutzutage peinlich! Für einen damals Achtzehnjährigen in der DDR ist es auch im Nachhinein ein Zeugnis der Schande.

Wer konnte auch ahnen, was die Stasi alles nicht wusste? Schließlich fühlte man sich grundsätzlich gegängelt und ausspioniert. Niemand gaukelte einem irgendwelche Grundrechte vor. Transparenz gab es allenfalls im Post- und Fernmeldewesen. Angst und Einschüchterung waren Teil dieser Strategie, ja Staatsräson, vielleicht auch nur Bluff. Das System machte jedenfalls kein großes Geheimnis daraus.

Im freien Westen dagegen war – und ist – das offenbar alles umgekehrt:

Bis vor kurzem ahnte angeblich niemand, was die demokratische Staatssicherheit alles weiß. Schließlich fühlte man sich grundgesetzlich frei und unbeobachtet. Viele Menschen ließen sich Datenschutz und eine Gewaltenteilung vorgaukeln. Angst- und Meinungsfreiheit waren Teil dieser Strategie, ja Staatsräson, vielleicht auch nur Bluff. Das System machte jedenfalls lange ein großes Geheimnis daraus. Und genau deshalb fallen dort seit den Enthüllungen über PRISM so viele Leute aus allen Wolken.

Diese Empörung kann man naiv finden, aber das wird den freien Menschen im Westen nicht gerecht.

Immerhin waren sie – anders als DDR-Bürger – der Gehirnwäsche ihrer Regierungen viel länger ausgesetzt. Manche glauben immer noch, BND und Verfassungsschutz hätten damit nichts zu tun – an Freiheit und einen selbstgerechten Rechtsstaat. Viele feiern Edward Snowden zwar wie einen Bürgerrechtler, aber gleichzeitig fehlt ihnen der Mut, die Dienststellen ihrer Überwachungsbehörden einfach zu besetzen und die Akten selbst zu lesen. Aus Erfahrung von 1989 kann man nur raten: Macht das! Es tut gut – aber unter Umständen eben auch ein wenig weh, wenn sich jemand beispielsweise jahrelang für einen kritischen Geist hielt und die NSA trotzdem kaum etwas »Nachteiliges über seinen Lebenswandel« aus dem Internet fischte.

Womöglich wäre selbst Joachim Gauck heute nicht mehr der richtige Mann für eine entsprechende Aufarbeitungsbehörde. In der Bewertung der Snowden-Affäre schwankt er noch zwischen »purem Verrat«, wie er in einem Sommerinterview mit dem ZDF verriet, bevor er sich ein paar Tage später doch »besorgt« zeigte, weil allein die Angst vor Überwachung das »Freiheitsgefühl« einschränken könnte.

»Freiheitsgefühl« ist ein treffendes Wort für das, was der Westen für Freiheit hält. Wie üblich erinnerte Gauck auch daran, dass »wir Deutschen den Missbrauch staatlicher Macht mit Geheimdienstmitteln schon zwei Mal erleben mussten«. Doch was bei ihm noch wie eine Entschuldigung bei den amerikanischen Hütern des »Freiheitsgefühls« klang, ist in

Wahrheit nur die übliche Verharmlosung, die bei Vergleichen zwischen der Stasi und den viel demokratischeren Schnüfflern überall Mode ist.

Denn selbstverständlich darf man die NSA, verbündete Geheimniskrämer und die Büttel früherer Unrechtsstaaten nicht wahllos in einen Topf werfen. Ihr professionelles Selbstverständnis vielleicht – aber alles andere wäre wie Äpfel der Sorte Braeburn mit Boskoop vergleichen. Immerhin ist bisher kein einziger Fall bekannt, bei dem die Staatssicherheit Facebook angezapft hätte. Gegen den Neubau der Berliner BND-Zentrale wirkt der alte Stasi-Komplex in der Normannenstraße wie eine Gartenlaube. Und im Gegensatz zu den Verbrechen dort hört man über Folter in geheimen CIA-Kerkern vergleichsweise wenig. Wenn überhaupt, stehen BND-Agenten höchstens mal daneben. Und deutsche Verfassungsschützer sind so arglos, dass sie sogar die Buchstaben in den Abkürzungen verschiedener Geheimorganisationen verwechseln und neben der NSA offenbar auch jahrelang mit dem NSU kooperierten. Aber das ist vielleicht auch schon zu viel gesagt, und ich nehme es hiermit vorsichtshalber – ausdrücklich nicht unter Folter – wieder zurück.

Seit auch in Ostdeutschland offiziell Meinungsfreiheit herrscht, hält man ohnehin besser den Mund. Es sei denn, man möchte eben nicht mit einer peinlich dünnen Akte dastehen, wenn es wieder mal andersrum kommt. Insofern kann man auch Angela Merkel nur zustimmen, als sie vor ein paar Tagen in Aschaffenburg einem für fränkische Verhältnisse relativ laut-stark »Lügner« skandierenden Pöbel zurief: »Seien Sie einfach froh, dass Sie frei Ihre Meinung sagen können!«

Zwischen den Zeilen hieß das nichts anderes als »Schnauze Wessi«. Dabei hätte sie die verunsicherten Westdeutschen – statt mit Nachhilfe in Grundrech-ten – auch damit ermutigen können, dass moderne Geheimdienste viel gründlicher arbeiten als die alten Stasi-Penner mit ihren Einweck-Geruchsproben. Dass demokratische Digitalspeicher außerdem weniger Platz brauchen als staubige Aktenmeter einer Dikta-tur. Dass überhaupt alles anders ist – und alles, was heute gegen die Schreihälse verwendet werden könn-te, später einmal für sie spreche. Im besten Fall sogar mehr als 77 Seiten ...

Alberne Artikel mit möglichst vielen vermeintli-chen Reizwörtern à la #Allah und #Bombe, wie das inzwischen jeder zweite westdeutsche Journalist mu-tig oder lustig fand, reichen dafür leider nicht. Wer sich eines Tages damit brüsten will, über wen NSA und Verfassungsschutz am meisten gesammelt ha-ben, muss auch nicht wie Juli Zeh und ein paar ande-re überwiegend westdeutsche Schriftsteller Binsen-weisheiten verbreiten, wonach Deutschland doch ein Überwachungsstaat sei. Ja, was denn sonst? Noch dazu ausgerechnet in diesen Tagen in einem »offenen Brief«! Läge es nicht näher, einfach mal ostdeutsche Kollegen zu fragen, wie man so eine Geheimdienst-zentrale stürmt?

Westdeutsche Datenschützer »erschreckt« es sogar, wenn Stasi-Akten von deutschen und internationalen Kollegen heute immer noch genutzt werden. Dabei ist das doch eher beruhigend: So adelt die rechtsstaatliche Verwendung noch die schäbigste Information – und bringt uns wiederum einen kleinen Vorsprung im Wettbewerb um die dickste Dissidenten-Akte der Zukunft. Schließlich kam zuletzt auch noch raus, dass es in der DDR wahrscheinlich nur halb so viele Spitzel gab, als westdeutsche Stasi-Experten das bisher immer gern hochrechneten.

Damit ist endlich auch klar, warum über den mutigen Widerstand von Merkel, Gauck und mir bisher so wenig bekannt war: durch Mangel und Schlendrian. Und es erklärt außerdem den lässigen Umgang der Kanzlerin mit der sogenannten NSA-Affäre: Frau Merkel weiß, wovon sie redet, selbst wenn sie nichts weiß. Ihre Stasi-Akte kennt bis heute niemand – außer vielleicht ein paar Amerikanern. Und wenn Westdeutschen das alles irgendwie sowjetisch, ostzonal oder totalitär vorkommt, kann man ihnen nur sagen: Ja, aber auch anders, viel totaler zum Beispiel. Sie werden das allerdings erst begreifen, wenn sie ihre Stasi eines Tages selbst abwickeln. Bis dahin gilt – psst – heul leiser, Wessi!

>>*Der Held im Westen ist Verbrecher im Osten und umgekehrt.*<<
Fritz Bauer, Generalstaatsanwalt und Nazi-Ankläger

ZUM BEISPIEL DORTMUND

Neben Nazis und Verfassungsschützern beteiligten sich auch gute Westdeutsche am Aufbau Ost. Sie richteten überall Demokratie-Beratungsstellen ein – und fehlen nun zu Hause. Ein Appell

Seit im Zusammenhang mit der sogenannten NSU beinahe täglich über die unsichtbare Ostfront der Verfassung berichtet wird, blättere ich wieder öfter in meiner Sammlung aus Zeitungsartikeln über den rechtsextremen Westen: Hier eine Meldung aus Nordrhein-Westfalen, wo eine Jugend-Feuerwehr zum Hitlergruß antrat. Da eine Horde Rechtsradikaler, die mit Pfefferspray auf Besucher in einem Wuppertaler Kino losging. Brandanschläge auf Synagogen in Worms oder Mainz ... Ich sammle schon länger. Der Ordner quillt über: Pfui Teufel!

Nicht alles davon – auch wenn es ein paar Monate so aussah – lässt sich nachträglich dem Trio aus Jena in die Springerstiefel schieben. Trotzdem gilt vor allem Ostdeutschland nach wie vor als Hort des wiedervereinigten Rassismus. Das mag an fragwürdigen

Studien liegen, die damit Schlagzeilen machen, dass dort angeblich jeder Sechste ein »geschlossen rechtsextremes Weltbild« hat, deren Autoren aber – öffentlich eher kleinlaut – einräumen, dass diese Angaben »vor allem für Ostdeutschland« aufgrund geringer Fallzahlen »nur sehr bedingt aussagekräftig« sind. Zum Teil vielleicht auch an Wortführern wie den Herren Pasteurs, Apfel oder Gansel, die ihre trostlose Existenz im Westen gegen Abgeordneten-Diäten in Sachsen und Mecklenburg tauschten. Möglicherweise aber auch daran, dass hierzulande mehr Menschen sofort Alarm schlagen, wenn das Muster eines Jägerzauns einer SS-Rune ähnelt. Nicht selten sind das – dieses Phänomen wird beim Schimpfen über importierte Nazi-Hetzer auch gern unterschlagen – ebenfalls Westdeutsche.

Selbstlos wie viele Aufbauhelfer verzichteten sie für den Einsatz in Deutsch-Nordost auf glänzende Karrieren an westdeutschen Unis. Sie bauten überall Demokratieberatungsstellen auf, aber fühlten sich vor Ort dennoch oft unwohl, ja missverstanden. Quasi selbst in der Fremde reagierten sie meist sensibler auf Fremdenfeindlichkeit als die Einheimischen.

Glücklicherweise ließen sie sich davon nicht entmutigen und stellen nach wie vor und Jahr für Jahr Förderanträge in Schwerin oder Magdeburg, um ihre Netzwerkstellen noch besser vernetzen zu können. Manche Projekte, etwa für Opferhilfe, leisten aber auch richtig wertvolle Arbeit. Weil der »braune Osten« sogar aus Hamburger Sicht lange ein gefragtes Thema war, lernte ich neben den Bösen auch ein paar von den Guten kennen.

Einmal habe ich über die symbiotische Beziehung eines Westberliner Soziologen und eines Hamburger NPD-Führers berichtet, die in Ostvorpommern wie Dschungel-Missionare um die Köpfe der Ureinwohner rangen. Hinterher musste ich mir von beiden Seiten vorwerfen lassen, beide Seiten beschrieben zu haben. Dabei wollte ich nur darauf hinweisen, was trotz ideologischer Differenzen für Synergien möglich sind, die der Osten auch in anderen Branchen dringend bräuchte. Manchmal wehrten die Einen sogar den Anfängen der Anderen, bis die endlich anfingen. Das wiederum lockte Journalisten an, die Hotels brauchten. So trug jeder mit seinen Mitteln zum Regionalmarketing bei. In einigen Gegenden war das ein Boom, ja ein Braindrain, wie er sonst nur Richtung Westen beklagt wird. Und genau das ist offenbar ein Problem: Die vielen Fachkräfte gegen neue Nazis fehlen nun dort.

Hessische Neonazis feiern unterdessen ungeniert »Gaskammerpartys«. Im Hunsrück singen Schulabgänger zur offiziellen Abschlussfeier ein Lied der – muss man es extra erwähnen? – westdeutschen Nazi-Band »Sleipnir«. Nahe München wird ein Waffenlager ausgehoben, von dem die Jenaer Kameraden nicht mal zu träumen wagten ...

Schon 2010 – Anlass war der Verfassungsschutzbericht – kritisierte die Mobile Opferberatungsstelle Sachsen-Anhalt, dass in Westdeutschland wesentlich mehr rechte Gewalt existiert, »als in offiziellen Zahlen erkennbar«. Weil Betroffene vor Ort keine professionelle Hilfe fänden, würden sie sich immer öfter an Beratungsstellen im Osten wenden. Und wenn mal ein bewaffneter Mann in Wehrmachtsuniform durch ein fränkisches Dorf marschiert, sind alle überrascht. Wie das – bei uns?! Selbstverständlich macht es das im Osten nicht besser. Es ist hier wie da eine Schande, nur eben hier öfter Thema. Und natürlich darf man auch das Versagen westdeutscher Polizeichefs vor zwanzig Jahren in Rostock-Lichtenhagen nicht verharmlosen. Manchmal werden zwar im selben Atemzug noch Mölln und Solingen genannt – aber stets in dieser Reihenfolge, wie regionale Ausrutscher. Tatsächlich gab es schon damals Unterschiede: In Rostock etwa waren Fernsehkameras vor Ort, es gab widerlichen Beifall und – anders als bei den rassistischen Brandanschlägen in Solingen (Nordrhein-Westfalen), Mölln (Schleswig-Holstein), Hörstel (Nordrhein-Westfalen), Lampertheim (Hessen), Saarlouis (Saarland) oder Kandel (Rheinland-Pfalz) – keine Toten.

Dennoch kommen abgehalfterte Rockstars lieber alle zehn Jahre mal in den Osten und zeigen vor 50 000 gleichgesinnten Leuten in Jena, was »Mut gegen rechte Gewalt« ist. Einheimische Bands dagegen, die in der Zwischenzeit vor Ort den Rücken gerade machen, werden in Mecklenburg vom Verfassungsschutz beobachtet. Weil man Nazis selbst dort nicht mehr auf Anhieb an jeder Tankstelle findet, warnen Journalisten heute gern vor der »unsichtbaren Gefahr«. Und wo passiert es auf offener Straße?

Zum Beispiel in Dortmund. Hier terrorisierten Neonazis eine Familie monatelang, schmierten Hakenkreuze und warfen Pflastersteine in Fenster. Viel zu spät reagierten Politik und Polizei – natürlich bestürzt. Die Familie wollte trotzdem nur noch weg. Einheimische Nazis höhnten per E-Mail noch, man solle doch nach »Hoyerswerda oder Rostock« ziehen. Es war zynisch gemeint, aber angesichts tausender Projekte, »lokaler Aktionspläne« und »Bündnisse gegen Rechts« gar nicht so abwegig.

Zwar rät die Polizei auch in Hoyerswerda bedrohten Leuten zum Umzug, aber immerhin: Noch vor zwanzig Jahren wollte man »fremdenfeindliche Motive nicht ausschließen«, wenn ein Asylbewerberheim brannte. Heute kann Ladendiebstahl beim Gemüsehändler so einen Hintergrund haben. In Jena beobachtet der Staatsschutz – zumindest seit einem Jahr – jede Schulhofschubserei. Und rotten sich doch noch mal 50 Nazis zusammen, stehen ihnen sogar in Orten wie Wittstock oder Pasewalk zehnmal mehr Gegendemonstranten im Weg.

Das Engagement der Demokratieberater hat sich gelohnt. Ihre Netzwerke sind so engmaschig, dass sich Aussteiger-Projekte um Mandanten zanken. Sie bekommen Verdienstorden oder wie ein furchtloses Ehepaar aus Hamburg, das nach Jamel bei Wismar übersiedelte, sogar weltweit Aufmerksamkeit für ihr »Nazi-Dorf«.

Solche Beispiele machen Mut. Nur – wer zieht freiwillig nach Dortmund?

Seit knapp einem Jahr gibt es dort immerhin auch eine Beratungsstelle. Die Leiterin – vorher lange in Brandenburg tätig – war kaum zurück in ihrer Heimat Nordrhein-Westfalen, als die Kameradschaft in Dortmund verboten wurde. Eine von West-Nazis geplagte Bürgermeisterin aus Mecklenburg berät Kollegen in Niedersachsen im Umgang »mit dem Problem«. Einheimische Demokratie-Experten dagegen, wie etwa Johannes Staemmler aus Dresden, der gerade über die »Zivilgesellschaft in strukturschwachen Regionen« promoviert, können manchmal kaum noch sagen, ob die Angst vor Nazis begründet ist »oder lediglich gut kommuniziert.«

Im Westen ist sie erschreckend real: Eine Münchner Radiomoderatorin kündigte kürzlich einen Beitrag über Wochenendarbeit mit dem weder ganz neuen noch originellen Spruch »Arbeit macht frei« an. Bei der Agentur für Arbeit in Pfarrkirchen vermerkte ein Mitarbeiter »Bimbo« auf den Papieren eines Kunden. Und spätestens seit die NPD-Spenderdatei samt Herkunft ihrer Gönner gehackt wurde, ist klar: Dunkeldeutschland braucht weiter unsere Hilfe beim Aufbau einer antifaschistischen Gesellschaft. Schon nach dem Krieg tat man sich dort schwerer. Gebt Westdeutschen – auch diesbezüglich – eine zweite Chance!

*»Die bürgerliche Frauenrechtelei ist nicht mehr als
Reformbewegung.«*
Clara Zetkin

DAS DIRNDL IST DIE BURKA
DES WESTENS

*Viele Ostdeutsche konnten mit der empörten Sexismus-De-
batte wenig anfangen. Gauck sei Dank ist die Stute –
rechtzeitig zum Internationalen Frauentag – wieder vom
Eis. Ein Geständnis*

Bis 1990 kannte ich nicht mal das Wort. Dann hielt ich
Sexismus zunächst für so was wie Nymphomanie bei
Männern, irgendeinen dieser abartigen Auswüchse der
zwischenmenschlichen Mangelgesellschaft West. Wer
konnte auch ahnen, dass Respekt ohne Ansehen der
persönlichen Oberweite Ende des 20. Jahrhunderts
nicht überall in Europa so selbstverständlich war wie
etwa eine einvernehmliche Mittagspause unter Kollegen? Unsereins ließ sich dafür von der Brigadeleiterin
in den Frauenruheraum zerren oder zeigte ihr eben
einen Vogel. Für unflätige Sprüche auf der Weihnachts-
feier oder Engmarschierer am 1. Mai gab es im Zweifel
eine Ordnungsschelle. Diese Dinge waren in der un-

mündigen DDR vergleichsweise einfach geregelt. Um so befremdlicher wirkte die Debatte der Brüderle und Schwesterlein im mündigen Westen auf mich.

Doch offenbar ging es nicht nur um ein paar armselige Witzfiguren mit erektiler Dysfunktion. Die tausendfach geschilderte Ohnmacht der sonst so selbstbewusst auftretenden Westfrauen hat auch mich erschüttert. Allein mit Selbstbetrug und Sozialisation ließ sich das kaum erklären. Die freie Gesellschaft, die Politik und Pornoindustrie des Westens immer vorgaukeln, gab plötzlich einen tiefen Blick ins Mittelalter frei: lauter Feudalherren mit leibeigenen Mägden, alle seltsam gefangen in ihrer Rolle – und in Aufruhr, wenn sich der Nebel mal kurz lichtet.

Nach einer Blitzumfrage unter Bekannten und Freundinnen hier wie da schien es tatsächlich in erster Linie ein Problem zwischen Westfrauen und Westmännern zu sein. Das entschuldigt zwar nichts – schon gar nicht die Ausnahmen hier wie da. Aber nach allem, was ich in den letzten Wochen über den systemischen Sexismus lernen konnte, darf man Menschen eben gerade nicht allein nach äußeren Geschlechtsmerkmalen sortieren oder bevorzugt verachten, sondern muss auch Herkunft und andere Handicaps berücksichtigen, für die sie nichts können.

Als notgeile Aufbauhelfer über Ostdeutschland herfielen und ihre altertümlichen Rollenspiele in Job und Familie mitbrachten, hielten das hiesige Frauen zunächst noch für Folklore, putzige Gockelei – leicht zu modernisieren. Leider saßen und sitzen die regionalen Unterschiede aber doch tiefer, wie eine Abhandlung zu »traditionell-sexistischen Einstellungen in Deutschland« nach dreiundzwanzig Jahren mit einer einzigen empirischen Fragestellung belegt: Danach finden es in Westdeutschland immer noch 41 Prozent der Männer und 39 Prozent der Frauen (!) für alle Beteiligten besser, wenn der Mann im Beruf stehe und sich die Frau um Familie und Haushalt kümmere. Im Osten sagen das »nur« 19 Prozent der Männer und 17 Prozent der Frauen – vermutlich eingewanderte Paare aus Ostanatolien oder Ostwestfalen.

Weil ich auch ab und zu mit gesenktem Blick durch Hamburg eile, weiß ich inzwischen sogar, wie sich Alltagssexismus anfühlt, jedenfalls ungefähr: »Bleib mal stehen, Süßer!«, »Na, keine Lust?«, »Jetzt hab dich nicht so!« Alle zwei Meter musste ich solche Sprüche schon hören, obwohl ich mir nur einen Hamburger holen wollte, die dort übrigens auch nicht besser schmecken. Selbst schuld, warf man mir darauf in der Redaktion vor, wenn es auch unbedingt der Burger King an der Reeperbahn sein müsse! Ich kam mir vor, als hätte ich einen zu kurzen Rock an. Von den Blicken der Kolleginnen gar nicht zu reden, die von Ost-Männern immer noch sonst was für Kunststücke erwarten, sowohl moralisch als auch im Bett. Es ist wirklich widerlich, auf Geschlecht und Herkunft reduziert zu werden! Aber ist sexuelle Belästigung wirklich das ganze Problem? Ist das, was ein paar Tage lang alle Sexismus nannten, nicht nur der Ausfluss eines Systems aus Abhängigkeiten und verkommenen Sitten – ganz unabhängig von Gaucks Tugendfurien und der verklemmten Sexualität einzelner Schmierlappen?

Dazu zählt in meinen Augen auch, dass sich Journalisten und Politiker – egal in welcher Geschlechtskonstellation – offenbar einig sind, dass es Vertraulichkeiten zwischen ihnen geben muss, von denen sonst nichts nach außen dringt. Diese Berufsvorstellung aus Hinterzimmer und Herrschaftswissen nennen sie »professionell« und empörten sich erst mal über den Tabubruch wie Lehrer an der Odenwaldschule. Aber vielleicht bin ich noch zu naiv, was freien Medien betrifft – oder einfach enttäuscht, weil mir noch nie eine Politikerin zu nahe trat und meine Chefin immer nur Emails an alle »Kolleginnen und Kollegen« schreibt.

Der Unterschied ist: Ich weiß zwar, dass ich nicht der Einzige bin, der unheimlich für unsere heimliche Vorstandsvorsitzende schwärmt, aber würde mir das nie durch besonderen Arbeitseifer anmerken lassen – schon um sie nicht in eine unangenehme Situation zu bringen. Dieser diskrete Takt, den ich dank meiner frühen Sozialisation als Herdentier ausstrahle, schreckt vermutlich auch Politiker ab: Weder die Kanzlerin noch Guido Westerwelle wollten bisher auf meine Tanzkarte. Gegenüber Ursula von der Leine fällt es mir wiederum leicht, professionelle Distanz zu wahren. Schlimmstenfalls würde ich laut mein Alter rufen und ein Stopp-Schild hochhalten, wie sie es mal gegen Kinderpornografie im Internet einführen wollte. Frau Schavan hätte ich ohnehin keine Komplimente abgenommen. Aber schon bei Sahra Wagenknecht oder Katja Kipping wäre ich auf Anhieb vielleicht auch nicht schlagfertig genug. Dabei nehme ich die beiden – um Himmels willen! – nicht etwa als Frauen wahr, sondern selbstverständlich ausschließlich als Politikerinnen. Und da liegt vermutlich schon die Hündin dieser eigentlich ziemlich simplen Debatte begraben.

Ob Annäherungsversuche ankommen oder abtörnen, verfangen oder verletzen, hängt immer auch vom Selbstbild des Empfängers ab. Ist der Absender zu alt, zu plump oder gar in der falschen Partei, wirkt jedes Wort zu viel noch unpassender. Bildet sie oder er sich zudem ein, durch Geld oder Status über normale Flirtkriterien und Umgangsregeln erhaben zu sein, wird es für alle unbehaglich. Dann muss ich Katja signalisieren, dass Rothaarige für mich ein schwarzes Tuch sind. Oder dem Rainerle reinen Wein einschenken – zur Not auch mal über die Hose, damit er sich abregt. Bei hartnäckigen Verständigungsproblemen funktioniert das sogar im Westen nonverbal, Stichwort Ohrfeige. Oder man nimmt es eben – die Floskeln entlarven sich selbst – »in Kauf«, »flirtet mit der Macht« und »opfert« sich für das, was im System gerade verlangt wird.

Angebot und Nachfrage – aber wem sage ich das? – bestimmen in dieser Gesellschaft leider auch den Preis der Selbstachtung. Sich opfern bleibt trotzdem ein aktives Verb, für männliche Karriereopfer ebenso wie in der traditionellen West-Ehe. Es geht nicht um gefüllte Dirndl, sondern um gefühlte Freiheit. Wer die einmal verinnerlicht hat, weil er als Kind vor einer Pionierleiterin strammstehen musste, kann sogar als Mann unbefangen Kittelschürzen tragen und sich dabei sexy fühlen, obwohl ihn seine Chefin ignoriert.

Das Dirndl ist nur die Burka des Westens. Selbst wenn sich Westfrauen darin von Westmännern eines Tages nicht mehr wie Westfrauen angeglotzt fühlen, hat das noch lange nichts mit Fortschritt zu tun, sondern allenfalls mit fortgeschrittenen Dekolletés. Eine freie Kultur der Körper ist viel mehr als das, was der Westen für FKK hält. Daran denke ich im Zusammenhang mit Vorgesetzten nicht mal, während ich daran denke. Insofern: Schnauze Wessi.

> *»Enten legen ihre Eier in aller Stille. Hühner gackern dabei wie verrückt. Was ist die Folge? Alle Welt isst Hühnereier.«*
> Henry Ford

KOCHEN MIT FREUNDEN

In der DDR wurden Sowjetsoldaten ironisch »Freunde« genannt. Heute halten sich westdeutsche Besatzer dafür und kochen auch noch gern. Eine Magenverrenkung

Wir waren zu »einem zwanglosen Abend unter Freunden« eingeladen, und ich verrate sicher nicht zu viel, wenn ich die Gastgeber Gesa und Niklas nenne. Nach etlichen Absagen wegen kranker Kinder oder plötzlicher Dienstreisen gab es diesmal keine glaubwürdige Ausrede mehr – dafür einen ebenso kurzen wie sinnlosen Streit, wer diese hartnäckigen Leute eigentlich mit in die Ehe gebracht hat. Ich glaube ja nach wie vor, meine Frau hätte mal neben Gesa im Theater gesessen und sich zu einer Facebook-Freundschaft nötigen lassen. Sie schwört allerdings, mir wäre Niklas bei einer Party eines Freundes meines zweitbesten Freundes Ludger vorgestellt worden. Egal: Wir kennen sie jedenfalls vom Sehen und ahnten ungefähr, was uns erwartet.

Eine Einladung auf Büttenpapier und »U. A. w. g.« ist naturgemäß etwas anderes als: »Kommt mal vorbei, Nudeln und Wein sind immer da.« Das erklärte Ziel, »interessante Leute miteinander bekannt zu machen«, wirkt unter ihresgleichen vielleicht schmeichelhaft – bei uns tötete es nur den Rest Neugier. Im Wesentlichen – so hatte sogar Ludger gewarnt – dienen diese Abende dazu, möglichst viel Gewese um die Sitzordnung zu machen. Pünktlichkeit jedenfalls wird nicht erwartet und entlarvte uns gleich als Neue.

Gesa kreischte hysterisch in die Sprechanlage. Ihr Handtaschen-Hund kam uns kläffend und vier Etagen entgegen. Die anderen Bewohner sollten ruhig mitbekommen, dass im Dachgeschoss wieder mal gefeiert wird. Ihr Zorn war hinter jeder Wohnungstür zu spüren. Aber wo soll man sich beschweren, wenn sowjetische Panzer durch die Straßen dröhnen oder die noch lauteren Hausbesitzer über einem wohnen? Zu den Gepflogenheiten des neuen Besatzungsrechtes gehören auch Gesas Judasküsse rechts und links – zum Glück nicht mehr auf den Mund wie bei Breshnew und Honecker.

Die anderen Gäste kannten den Brauch offenbar schon, der mit »Niko kocht!« trotz Ausrufezeichen beinahe zurückhaltend angekündigt war. Eine halbe Stunde brauchte er allein, um uns einen groben Überblick über die Möglichkeiten seiner semiprofessionellen Küche zu verschaffen. Dann erklärte er sein Rezept, das er – zusammen mit einer Schürze – vor drei Wochen von einem Wochenendkurs in Paris bei irgendeinem Meisterschüler eines Schülers von Paul Bocuse mitgebracht hatte. Natürlich erwähnt er auch den Preis des Seminars – »ohne Flug und Hotel!« –, der mir so bekloppt vorkam, dass ich immer noch fürchte, ihn falsch verstanden zu haben und die vierstellige Zahl vorsichtshalber nicht wiedergebe.

Es muss Gründe geben, warum vor allem westdeutsche Männer die Zubereitung von Mahlzeiten in den letzten Jahren massenhaft als kultgleiche Zeremonie für sich entdeckt haben. Wie immer artet es bei ihnen sofort in Angeberei aus, Selbstverständlichkeiten in Wettbewerb. Sie müssen mit allem, was sie tun, irgendwem irgendwas beweisen und irgendwie besser sein. Allein diese Haltung nötigt mich an dieser Stelle, überflüssigerweise knappe Zeichen der Kolumne zu verschwenden, nur um zu erklären, dass ich auch koche, wenn ich Hunger habe oder dran bin. Es haben sich bisher auch nur wenige Mitesser beschwert oder Beschwerden davon bekommen. Dennoch werde ich mich nicht zu Vergleichen hinreißen lassen, die gastrosexuelle Männer beleidigen könnten. Nur so viel: Wenn die Küche zum Hobbykeller wird, fehlt vermutlich Oralsex. Oder sie halten das für Gleichberechtigung. Gesa wahrscheinlich auch – so lange die einheimische Putzfrau am nächsten Morgen aufräumt.

Endlich baute Niko – »Voila!« – seine jüngste Neuanschaffung vor uns auf und erwartete wohl überwältigende Reaktionen, mindestens eine Ohnmacht. Leider sah es nur aus wie eine Rührschüssel mit Digital-Anzeige. Das Grammzeichen am Ende rettet emich schließlich. »Eine Küchenwaage«, sagte ich und täuschte Gewissheit vor wie ein Quiz-Kandidat, der zu schnell auf den roten Knopf gehauen hatte. Anscheinend lag ich nicht vollständig daneben, aber auch nicht ganz richtig, denn der Showmaster deutete heftige Zahnschmerzen an, als wolle er das gerade noch gelten lassen. »Eine PKKW 2010 exa«, sagte er schließlich und strich zärtlich über den Rand der Schüssel. »Mit Spritzwasserschutz, Tara-Funktion, alles in allem 350 Euro.« Die Lithiumbatterie hält angeblich zehn Jahre, sei aber extra gewesen.

Ich pfiff so angemessen durch die Zähne, dass sich Anstand und Ironie gerade noch die Waage hielten. Dann durfte ich ihm beim Salat zur Hand gehen, zumindest die Blätter waschen und schleudern, die Vinaigrette blieb natürlich seine Sache. Ich hasse Rucola, aber das nur nebenbei. Vermutlich wollte Niko auch nur sehen, ob ich mit seiner Edelstahlsalatschleuder zurechtkäme. Doch glückliche Umstände wollten es, dass ich – nur mit Kopfsalat, Zitronendressing und Geschirrtüchern aufgewachsen – 1994 in Hamburg schon einmal so ein Gerät erklärt bekam und danach eine Woche lachen musste. Eine Salatschleuder! Mindestens drei Teile Abwasch für ein paar angeblich knackigere Blätter Grünzeug.

Für den Hauptgang schmorte bereits ein »Limetten-Kalbsblanquette« in einem der beiden brusthohen Öfen vor sich hin. »Eigentlich essen wir gar kein Fleisch mehr«, entschuldigte sich Gesa, während Niko das Geheimnis seines geschmeidigen Spätzleteiges beschwor. »Blasen! Blasen! Blasen schlagen!« Und so wechselten sich ihre Monologe ab, ohne aufeinander

einzugehen. Und diese seltsame Art der Gesprächs-
führung änderte sich im Grunde auch später nicht, als
die anderen Gäste am Tisch saßen und jeder von sich
erzählte. Insgesamt waren wir acht. Sechs Leute rede-
ten gleichzeitig aneinander vorbei. Wir schwiegen.
Meine Frau, weil sie das so gelernt hat. Und ich, weil
ich mich aufs Schlucken ohne zu kauen konzentrierte.

Vielleicht war es keine Absicht, aber Niklas hatte
wirklich an alle Zutaten gedacht, die ich schon einzeln
meide wie Moslems Schweinskopfsülze. Seine Spätz-
le gingen komplett im Koriander unter. Dazu Kokos-
milch, Ingwer, Kapernäpfel, Sellerie – für meinen
Geschmack ausnahmslos eklige Widerwärtigkeiten
der angeblich modernen Küche. Dazu sein Lamento
über die immer noch schlechten Einkaufsmöglichkei-
ten. Gesas Gestocher im Essen und in Themen, die
sich allesamt um ihre Figur drehten. Den bulemi-
schen Gabel-Ellbogen aufgestützt, wie wir das sonst
nur von gemischtdeutschen Kindergeburtstagen
kannten. Genau kann ich mich nicht erinnern, aber
vermutlich wurde selbst der Bohneneintopf in Braun-
kohlen-Kantinen eleganter mit Alulöffeln aus Plaste-
schüsseln gefördert.

Ein paar Mal äffte meine Frau die Tischmanieren
nach, aber mir war nicht nach Lachen zumute. Essen
und Gespräche waren kurz davor, die Contenance meines Zäpfchens zu überwinden, während Niklas zum
siebenten Mal fragte, ob das nicht ganz wunderbares
Fleisch sei. Die anderen Gäste versicherten es ihm unter immer neuen Hinweisen auf die letzten kulinari-

schen Höhepunkte ihres eigenen Herdes. Meine Frau, auch mehrfach zu einer Antwort genötigt, stimmte schließlich mit der Einschränkung zu: »Obwohl wir sonst eigentlich keine Tierbabys essen.«

Sie genoss die betretene Pause, bis Niko die Situation zu retten versuchte und fragte: »Was habt ihr eigentlich so gegessen, wenn mal Gäste kamen – ich meine früher so, in der ehemaligen DDR?«

Fast kam es mir vor, als hingen die anderen kurz an den Lippen von uns zwei Ehemaligen, gierig auf irgendeine Menschenfressergeschichte von verbrutzeltem Fleisch-Ersatz auf Holzkohlenimitat, aberwitzigen Sättigungsbeilagen oder dieser russischen Wurstsuppe, deren Namen sie sich nie merken konnten. Meine Frau täuschte einen vollen Mund vor. Ich schluckte schwer und antwortete erwartungsgemäß: »Meistens Soljanka.«

Andächtig nickten sie – und als keine Pointe mehr zu erwarten war, ging es weiter um ihren Scheiß. Einer war Anwalt, hatte in den ersten zehn Jahren Westdeutsche bei der Privatisierung von Ostbetrieben beraten, inzwischen wickelt er deren Insolvenzen ab – »Win-Win« und so weiter. Fast hatten wir den Abend überstanden, als es mir doch plötzlich hochkam. Es waren nicht mal die Gespräche, ich hatte zum Schluss auf so eine Kapernbeere gebissen und stürzte – gefolgt von Gesas erschrockenem Kläffer – zum Gäste-Klo.

Sie müssen jetzt nicht weiterlesen, aber ich habe es nicht ganz geschafft. Bis ich alles wieder los war, verpasste ich außerdem die Crème brûlée – oder war es

»catalane«? Unterdessen schleckerte Gesas Hund den Badezimmerboden sauber, was auch nicht zur Beruhigung meiner Speiseröhre beitrug. Jedenfalls musste ich dankend ablehnen, als der Hausherr für mich noch einmal seinen Handfeuerwerfer zum Flambieren zücken wollte.

In keinem Text habe ich mich je so ausgekotzt wie an diesem Abend. Und dass Gesa und Niko nun doch noch erfahren, dass es eigentlich nur ihrem Hund geschmeckt hat, war der eigentliche Zweck dieser Anekdote. Sie verabschiedeten uns nämlich mit den Worten, es sei immer so »erfrischend, auch mal Einheimische da zu haben«. Wir bekamen drei neue Freundschaftsanfragen auf Facebook. Weitere Einladungen drohten. Spieleabende womöglich. Nun – heult doch! – hoffentlich nicht mehr.

> »In Leipzig auf dem Augustplatz,
> Da stehn die Vereine Spalier
> Und bestaunen ihren Bismarck-Ersatz
> Und winken mit buntem Papier.«
> Hans Reimann

LASSALLE FÜR ALLE

Wieso feiert die SPD ausgerechnet in Leipzig? Mitglieder gibt es dort kaum noch, Arbeiter auch nicht. Dafür aber kennen die Einheimischen alle Lieder auswendig. Ein Glückwunsch

Gestern der 200. Geburtstag von Wagner, heute 150 Jahre SPD – und die Völkerschlacht droht auch noch im Herbst. Diese Heldenstadt kann ganz schön nerven, wenn man weder ein Herz aus Rheingold noch für Franzosenmassaker hat. Überall in Leipzig muffelt es ein wenig nach nationalem Pathos, auch an der sogenannten »Wiege der deutschen Sozialdemokratie«. Aber das täuscht: Wo einmal das Pantheon stand, eine Ausflugskneipe mit Versammlungssaal, ist heute eine Hundekackwiese. Von der SPD geht also auch in dieser Beziehung keine Gefahr mehr aus.

Der Legende nach wurde hier am 23. Mai 1863 der Allgemeine Deutsche Arbeiterverein (ADAV) gegründet, aus dem sich später eine Gruppierung schälte, die sich vorsichtig »sozialdemokratisch« nannte. In der Mehrheit waren das von Anfang an keine Umstürzler, eher gemütliche Männer mit Bärten und Redebedarf. Und allein der Umstand, dass es ihren Verein nach hundertfünfzig Jahren immer noch gibt – so der tröstliche Tenor der Festreden –, unterscheidet sie offenbar vom Verein der Dienstmädchen oder dem Fachverein der Klempner, die sich ebenfalls im 19. Jahrhundert an diesem historischen Leipziger Ort konstituierten.

Dazu kann man nur gratulieren. Wie bei jedem betagten Jubilar verbietet sich sogar die Frage, wozu er knapp hundert Jahre nach dem Frauenwahlrecht noch nütze ist. Das und ihr ohnmächtiges Nein zum Ermächtigungsgesetz der Hitler-Regierung 1933 gelten bis heute als größte Heldentaten der Bewegung. Besonnen und immer noch stolz, dass man sich damals wenigstens nicht selbst verboten hat, entwickelte sich die Partei von der Stimme der Arbeiter zur Partei der arbeitsmarktpolitischen Sprecher. Hin und her gerissen zwischen Kleingarten und dem Kampf um den Achtstundentag hat sich die SPD an den Kapitalismus gewöhnt, und der sich an sie. Man duldet und spendet sich gegenseitig Gehör und Geld. Bis zu 20 000 Euro pro Vortrag, wie es heißt. »Reformen statt Revolution«, so lobte Bundespräsident Gauck den gesellschaftlichen Burgfrieden heute. Man könnte auch sagen: Lieber weiter Knecht statt Liebknecht. Oder: Lassalle für alle. Dennoch hat auch eine Partei am Ende ihrer Tage Anspruch auf den selbstverliebten Blick zurück, auf Entbehrungen und Verdienste, die im Nachhinein ruhig etwas mehr glänzen dürfen. Wer wüsste das besser als Ostdeutsche?

Obwohl sie Jubelveranstaltungen von Parteien eigentlich noch kennen und alle nötigen Kampflieder draufhaben müssten, hielten sich die Leipziger bei den Feierlichkeiten trotzdem zurück. Wahrscheinlich wissen ehemalige DDR-Kinder allein aus der Schule mehr über die Geschichte der Arbeiterbewegung als jeder Juso-Streber im Westen. Und doch schien es vielen – die mutmaßliche »Reformkommunistin« Angela M. mal ausgenommen – relativ egal, was da in ihrer Stadt gefeiert wurde. Beinahe peinlich. Vermutlich sitzt die SED-Propaganda von den Weichei-Sozialisten im Westen noch zu tief.

Da sind natürlich diese alten Streitereien, wer wessen Ideale 1914, 1918 oder 2004 verriet und in den 1930er Jahren entschlossener Widerstand leistete oder sich spalten ließ. Dazu die widersprüchlichen Erinnerungen ostdeutscher Zeitzeugen, nach denen man 1946 – aus eben diesen Erfahrungen – die Hand zur SED doch freiwilliger reichte, als das die offizielle westdeutsche Parteigeschichtsschreibung mit dem Begriff »Zwangsvereinigung« suggeriert. Und natürlich Revisionismus, Godesberg, Groener-Pakt – immer das Gleiche: Als gäbe es keine offeneren Fragen zur SPD-Geschichte als deren Opportunismus!

Mich würde zum Beispiel mal interessieren, ob ihre Hand im alten SED-Symbol von rechts oder links in das Parteiabzeichen ragte? Wieso es überhaupt zwei rechte Hände waren und nicht zwei linke, so wie das Experiment ausging? Und natürlich war ich gespannt, ob Angela Merkel auf dem Festakt in Leipzig die Internationale mitsingen oder die Lippen nur innerlich bewegen würde. Auswendig – so viel ist bei aller geistigen Beweglichkeit plus Vergesslichkeit sicherer als ihre einzelnen Funktionen in der Kampfreserve der Partei – kann sie das Lied noch im Schlaf. Aber dann wurde in Leipzig leider gar nicht groß gemeinsam gesungen.

Schon als Kind habe ich mich gewundert, wieso die prächtigste Straße meines Leipziger Viertels nach Ferdinand Lassalle benannt war und nicht nach einem handfesten Arbeiterführer wie Ernst Thälmann. Aber dabei ging es wohl eher nach Länge. Der Putz bröckelte überall gleich, und immerhin wohnten damals auch noch echte Arbeiter in feinen Straßen – heute dagegen trifft man kaum noch Leipziger in der Lassalle-Straße. Vieles kam mir aber auch übertrieben vor, was uns die sozialistische Schule über den sozialdemokratischen Mangel an Internationalität und deren hündisches Verhältnis zu Kaiser, Kapital und Krieg eingebläut hatte – bis ich endlich die ersten westdeutschen SPD-Leute kennenlernte.

Es befremdete mich zwar, wie sie sich alle duzten und Genossen nannten. Dass sie immer noch von der Revolution sangen und ausgerechnet in ihrer Gründungsstadt schon 1993 bundesweit erstmalig ein Modell von Zwangsarbeit für Sozialhilfeempfänger testeten. Aber im Grunde entsprach auch die zehn Jahre

64

später beschlossene Fördern- und Fordern-Politik nur Lassalles »Ehernem Lohngesetz«, das sich im Kapitalismus nun mal auf die »Fristung der Existenz und Fortpflanzung erforderliche Lebensnotdurft« beschränke. Nur wieso beklagt der Parteichef als Agenda 2013 plötzlich, Ostdeutschland dürfe kein Experimentierfeld für Niedriglöhne bleiben?

Den Wert von Tradition und Kontinuität, mit denen nun schon seit 150 Jahren in aller gebotenen Zurückhaltung der Sozialismus angestrebt wird, verstand ich allerdings erst, als die SPD ohne UN-Mandat, aber dafür mit den Grünen sofort nach ihrer Wahl in den Krieg zog. Auf einmal erinnerte ich mich an die Mahnung unserer Geschichtslehrer, dass die SPD im Zweifel selbst mit dem Kaiser Seit an Seit kämpft. Dabei lag es vielleicht auch nur daran, dass es 2002 – wie bei dem sozialdemokratischem Hurra zu den Kriegskrediten 1914 – wieder mal gegen Serbien ging.

Inzwischen ist mir auch klar, dass die SPD-Vorsitzenden Scharping und Schröder legitime Nachfolger Lassalles waren. Schließlich ließ sich der ADAV-Gründer nicht nur von einer unglücklich verheirateten Gräfin aushalten – er soll auch ein ziemlich selbstgefälliger Fatzke gewesen sein, der sein Leben mit gerade mal 39 als »groß, brav, wacker, tapfer und glänzend genug« beschrieb, bevor er es im Pistolenduell an einen rumänischen Adligen verlor. Und tatsächlich – seit Gerhard Schröder die freundschaftliche Nähe zu russischen Plutokraten sucht, geht es mit der SPD auch international wieder aufwärts, selbst im nahen Osten.

Bei der letzten Landtagswahl in ihrem Gründungs-
land Sachsen hangelte sie sich 2009 auf etwas über
zehn Prozent, nachdem sie 2004 mit 9,8 Prozent nur
noch knapp vor der NPD lag. Matthias Machnig aus
Nordrhein-Westfalen – aber immerhin seit dreiein-
halb Jahren Minister in Thüringen – soll nach Medi-
enberichten in Steinbrücks Kompetenzteam Experte
für Ostdeutschland werden. Das sind doch hoffnungs-
volle Signale für die Völker, nachdem man von der
Ost-SPD zuletzt nur noch im Zusammenhang mit
dem Willy-Brandt-Flughafen oder Wolfgang Thierses
Klassenkampf gegen schwäbische Brötchen im Prenz-
lauer Berg hörte.

Sie kämpfen noch. Mal für das eine, mal für die
anderen – selbst in der Emigration nicht nur fürs eigene Überleben, was viel zu selten gewürdigt wird. So
sitzt dem Leipziger Stadtverband selbstverständlich
ein westdeutscher SPD-Mann vor – wie seinerzeit Lassalle Jurist von Beruf. Ein westdeutscher SPD-Bürger-
meister regiert die Stadt, obwohl ihn 84 Prozent der
Leipziger gar nicht gewählt haben. Der Generalsekre-
tär in Sachsen kommt aus Baden, sein Brandenburger
Kollege aus Peine. Dort koalieren westdeutsche Genossen sogar unbefangen mit Stasispitzeln und haben
auch sonst viel Verständnis für das Leben der anderen. Als es wegen des NPD-Verbotes neulich Streit mit
einer grünen Abgeordneten gab, die eigentlich aus
Hessen stammt, murrten ein paar einheimische
CDU-Abgeordnete zu laut. »Nehmen Sie sich zusammen«, ermahnte sie der Brandenburger SPD-Mann

aus Niedersachsen. »Ich weiß, das fällt Ihnen schwer, das hat was mit mangelnder bürgerlicher Erziehung zu tun.« Die SPD ist stolz auf ihre.

Trotz leiser Proteste der SED-Nachfolger, die Lassalles Verein ebenfalls als Ahnen reklamieren, haben westdeutsche SPD-Leute gestern auf der Hundekackwiese einen Gedenkstein enthüllt. Limousinen parkten Seit an Seit, und Gassi-Gänger haben nun ein neues Ziel. Vielleicht halten aber auch mal ein paar Arbeitslose inne, die auf dem Weg ins Haus gegenüber sind. Es wäre naheliegend, denn dort gibt es gleich noch ein Denkmal für SPD-Geschichte: Das Büro einer großen Zeitarbeitsfirma aus Nürnberg – eine von drei Niederlassungen in Leipzig.

»Sie (die Ostdeutschen) sollten eher mit einem Lächeln zu viel
als zu wenig auf ihre Mitbürger aus dem Westen zugehen. Auch
mal öfter Danke sagen wäre nicht unbedingt verkehrt.«
Roland Berger, Unternehmensberater in einem Interview mit
der »Zeit«, Februar 2013

EIN VOLK. EIN DEICH.
EIN SANDSACK.

*Die regelmäßige Flutung Ostdeutschlands dient nicht nur
dem westdeutschen Musterhausküchenfachhandel – sondern auch der deutschen Einheit. Eine Katastrophe*

Noch weniger als Assi, Wessi oder andere verharmlo-
sende Abkürzungen kann ich das Wort Flut für Hochwasser leiden. Sobald Pegelstände die Nachrichten
beherrschen, bekomme ich Herpes wie sonst nur in
Bad Lippspringe. Hochwasser ist braun und stinkt,
tobt sich meistens im Osten aus – und von Beruf
Schaulustiger zu sein klingt in jedem Fall amüsanter
als es ist. Vor allem aber sehe ich dabei jedes Mal auch
meine Felle als innerdeutscher Hetzer davonschwim-
men.

Westdeutsche THW-Kolonnen verstopfen dann wo-
chenlang sächsische Straßen. Die Sandsackmen-
schenketten in Halle oder Magdeburg sorgen für die

68

Illusion, dort hätten alle alle Hände voll zu tun. Die Hotels sind mit evakuierten Pflegefällen ausgebucht, und westdeutsche Fotografen lassen sich durch Dörfer in Sachsen-Anhalt paddeln. Von mir – denn einer muss ja angeblich die ganze Zeit knipsen. Wegen der Spenden!

Spätestens nach der dritten Jahrtausendflut und vierzehn Tagen Liveticker wird das langweilig. Natürlich nicht für die Leute, die es regelmäßig live in ihrem Wohnzimmer haben. Die immer gleiche Dramaturgie der »Flut«-Berichterstattung funktioniert wie jeder Medienporno: Erst fiebern alle tagelang neuen Höchstständen entgegen, dann treten nacheinander auf: Opfer, Helfer, Gaffer, Plünderer. Sobald mehr als zwei Bundesländer betroffen sind, machen sich auch Politiker im Hubschrauber ein Bild. Kurz vor Niedersachsen ist in der Regel Schluss, und am Ende wird zwischen Spendengala und Versicherungstipp auch mal kurz diskutiert, ob man bessere Deiche bräuchte, mehr Platz für die Flüsse und so weiter. Bis zum nächsten Mal.

Das Schlimmste an Hochwasser aber ist, dass man in der akuten Phase so lapidar nicht darüber reden darf. Dass es kollektive Gefühle entfesselt, die das Herz wärmen und unnütze Spottkolumnen nicht duldet. Dass man sich angesichts der plötzlichen Massendynamik nicht mal traut, genau darüber ein gewisses Unbehagen zu äußern: zum Beispiel, ob es wohl bei schönem Wetter verboten sei, hilfsbereit zu sein? Wo denn bei so viel Solidarität der Ost-West-Konflikt bliebe? Und war-

um es in Hitzacker und Lauenburg immer sofort Ent-
warnung gibt, sobald ein Damm in Sachsen-Anhalt
bricht und sich das Wasser östlich der Elbe ausbreitet?

»Die Flut« ist inzwischen eine Art Ersatz für Krieg
und Hunger geworden. Offenbar brauchen das Menschen hin und wieder, um »Mensch« zu sein, wie es
sinngemäß in der letzten Hochwasser-Hymne hieß.
Soldaten und Zivilisten, die sich Schulter an Schulter
gegen den Feind stemmen. Reporter, die vom Früh-
stücksfernsehen bis in die Spätnachrichten knöcheltief
im Wasser stehen und wie Kriegsberichterstatter klingen, wenn sie »Kampf und Opferbereitschaft tausender
Freiwilliger« preisen. »Bis zur Erschöpfung« werden
Ortschaften »gehalten« oder »aufgegeben«. Noch Jahre
später schwärmen »Veteranen« über die Kameradschaft an der Elbe 2002 – wie Opa von irgendeinem
Kessel vor Moskau. Bei ihren Partys am Deich bekommen junge Leute eine Ahnung davon, wozu Nationen
notfalls fähig sind. Ein Volk. Ein Deich. Ein Sandsack.

Weil Defätisten in solchen Situationen schnell mit
Schaufeln erschlagen werden, möchte auch ich nicht
abseits stehen: Schon 1997 habe ich mir an der Oder
extra ein paar gelbe Gummistiefel gekauft, um Westdeutschen möglichst menschennah Spenden aus dem
Kreuz zu leiern. Dass die nicht ganz dicht sind, habe
ich zur großen Elbe-Flut 2002 gemerkt. Nun stapfe
ich darin wieder durch ostdeutsche Überschwem-
mungsgebiete und sehe fassungslos die Katastrophe
hinter der Katastrophe: Selbst an ihrem Wochenende
entrümpeln Helfer aus Hannover einer Oma in Sach-

sen-Anhalt das Häuschen. Freiwillige Feuerwehren aus ganz Westdeutschland pumpen immer noch sächsische Keller leer. Viele spenden ihren eigenen Sperrmüll oder Geld. Richtige Patenschaften sind da 2002 entstanden und jetzt wieder aktiv. Es ist beschämend: Wenn alle Dämme brechen, spielen Ost und West tatsächlich kaum noch eine Rolle – außer vielleicht bei der Frage, warum es in Bayern 1500 Euro Soforthilfe gab und in Sachsen nur 400 pro Person.

Aber wir wollen nicht kleinlich sein: Die Bedürfnisse sind eben immer noch verschieden. Und damit der Osten nicht wieder jahrelang dankbar sein muss, habe ich vorsichtshalber auch 20 Euro an Bekannte in Bayern überwiesen, ehemalige Sachsen zwar, aber es ist ja nur eine Geste. Immerhin gaben die Laubendächer in Deggendorf auch ein paar dramatische Luftbilder für die schaulustige Presse her. Und so folgt das Hochwasser sogar dem Naturgesetz des Westens: Des einen Not ist des anderen Brot, die überschwemmten Gebiete in Sachsen-Anhalt nur Polder für die hübschen Landlust-Häuser südlich von Hamburg. Und da reden wir noch nicht von westdeutschen Baumarktketten, die mit 20 Prozent Rabatt für »Flutopfer« immer noch 20 Prozent mehr Gewinn machen. Von Flutgewinnern wie de Maizière, der nur ein paar tausend Mann schickt, bis niemand mehr nach unbemannten Drohnen fragt. Auf der anderen Seite: Was wäre das westdeutsche Wirtschaftswunder ohne Weltkrieg gewesen? Der Aufschwung Ost ohne Mauer? Wo wären wir ohne solche Katastrophen? Womöglich ein Volk?

Zum Glück erliegen nicht alle dieser Solidaritätsduselei. Schon jetzt sollen die Schäden größer als 2002 sein, aber die Spenden weniger. Ganz Mutige sagen auf Facebook sogar, was sie wirklich von diesem »widerwärtigen Ossi-Pack« halten: »Von mir aus könnt ihr in den Fluten ersaufen.« In dieser aufgeheizten Stimmung zieht das natürlich sofort einen gesamtdeutschen Shitstorm nach sich, eine Flut Scheiße gewissermaßen. Aber egal, ob Frau S. aus M. diesen Satz selbst postete oder »gehackt wurde«, wie sie inzwischen beteuert: So viel Hass – und ich weiß, wovon ich rede – muss man erst mal in so wenigen Zeilen unterbringen. Noch dazu in Hochwasserzeiten.

Westdeutsche sind einfach in jeder Disziplin unschlagbar. Respekt – und Dank auch dafür!

»Die Weißen bemächtigen sich unseres Landes
und verderben unsere Frauen.
Lasst sie uns dorthin zurücktreiben,
woher sie gekommen sind!«
Tecumseh, Shawnee-Chief

TODESZONE OSTSEE

Blaualgen, fliegende Rehe, mysteriöse Leichen am
Strand – noch immer lassen sich zu viele arglose West-Ur-
lauber über die Gefahren der ostdeutschen Küste täuschen.
Eine Reisewarnung

Der Tote trug nur eine Badehose und ein Handtuch
über dem Gesicht. Niemand wusste zunächst, wie lange seine Leiche schon am Strand von Hohen Wie-
schendorf gelegen hatte, aber einen Badeunfall schloss
die Polizei in Mecklenburg trotzdem schnell aus. Spätestens nach der Obduktion stand auch fest, dass es
keine Gewalttat war – jedenfalls ist offiziell nur von
einem Herzinfarkt die Rede. Aber wer hat den Toten
danach einfach zugedeckt?

Es bleibt ein Rätsel – und zumindest für die nächsten zwei Wochen wieder mal meine Aufgabe, allzu
leichtsinnige Besucher aus dem Westen vor den Gefahren der ostdeutschen Küste zu warnen. Ob Blaualgen im Wasser, marodierende Nazi-Horden oder mys-

teriöse Todesfälle – niemand ist hier oben sicher. Nicht mal das Wetter! Die regionalen Behörden vertuschen das aus wirtschaftlichen Gründen. Das Auswärtige Amt hat bis heute keine eindeutige Reisewarnung herausgegeben. Dabei ist jeder Last-Minute-Trip in die Entführungsgebiete der Sahara ein Wandertag gegen Ferien in Mecklenburg-Vorpommern.

Erst vor ein paar Tagen verschwand im Großen Jasmunder Bodden von Rügen ein achtundvierzigjähriger Urlauber aus Niedersachsen spurlos, nachdem er auf einer Paddeltour ins Wasser gefallen war. Allein im Juli gab es dreizehn Badetote. »Vor allem die Gewalt der Ostsee wird oft unterschätzt«, sagte Yvonne Hanske von der Polizei in Rostock in einem Interview mit »spiegel-online«. Gar nicht zu reden von der einheimischen Küche, Rostocker Bier – oder mir, wenn uneinsichtige Westtouristen einfach nicht hören wollen.

Seit Jahren rede ich mir den Mund fusselig, flehe und schreibe, dass die traditionellen Urlaubsgegenden der Ostdeutschen unbedingt zu meiden sind. Ich drohe uneigennützig mit Boykott, ansteckenden Krankheiten und Stau. Trotzdem wagen sich immer noch viel zu viele Rheinländer bis in den nordöstlichsten Zipfel Deutschlands. Sie kommen mit Allrad-Autos, Adventure-Sandalen und vorlauten Kindern – und denken gar nicht daran, wenigstens unauffällig oder leise aufzutreten. Ihre Strafen sind blutsaugende Zecken in den Wäldern und nackte Sachsen am Strand. Quallen! Mücken! Wespen!

Zwar gilt Usedom für westdeutsche Allerwelts-Medien wie »Die Welt« schon aufgrund seiner geografischen Lage als »Insel der Kriminalität«. Doch selbst wer im eigenen Auto wieder abreist, lässt seinen Hund besser zu Hause: Auf der Strandpromenade von Zinnowitz biss in diesen Tagen ein Schäferhund den Cocker Spaniel eines Touristen tot und den Besitzer in den Arm. Immer wieder kommt es am Strand von Usedom zu schweren Brandverletzungen durch weißen Phosphor aus Weltkriegsbrandbomben. Unvorsichtige Glücksritter verwechseln die gelblichen Brocken gern mit Bernstein oder treffen in Heringsdorf unvorbereitet auf Angela Merkel. Die Insel gehört – falls das alles noch nicht abschreckend genug ist – zu ihrem Wahlkreis!

In viel zu kleinen Zeitungsmeldungen werden jeden Sommer gefährliche Bakterien als »Blaualgen« verharmlost, obwohl sie weder blau noch Algen sind, sondern Urlauber tagelang auf eklige Campingplatz-Klos fesseln. Dabei warnen Umweltschützer schon vor »toten Zonen« in der Ostsee, andere Experten vor 65 000 Tonnen chemischer Kampfstoffe wie Senfgas, Zyklon B und Sarin, die auf dem Meeresgrund lauern.

Und als wenn sie aus dem Zweiten Weltkrieg oder der Luxus-Pleite mit Heiligendamm nichts gelernt haben, lassen sich westdeutsche Investoren immer noch Ostsee-Immobilien aufschwatzen. Nicht mal hässliche Nazi-Klötze wie in Prora auf Rügen schrecken sie ab, im Gegenteil: Was den Volksgenossen einmal

»Kraft durch Freude« verhieß, ist jetzt die Denkmal-abschreibung.

Wie in allen Entwicklungsländern ist es offenbar auch nicht schwer, Beamte und Politiker von zweifel-haften Bau-Projekten zu überzeugen. Derzeit stehen in Mecklenburg-Vorpommern ein Ex-Minister, ein Staatssekretär und der Präsident des Landesrech-nungshofes vor Gericht. Sie sollen laut Staatsanwalt-schaft Subventionsbetrug gedeckt haben, obwohl man der Wahrheit halber einschränken muss, dass in sol-che Dinge selten Eingeborene verstrickt sind. Und siehe da – der routinemäßige Google-Check belegt: Die Angeklagten kamen in Rheine, Regensburg und Siegen zur Welt.

Noch gefährlicher als Postenjäger sind wilde West-ler, die statt einer billigen Jagdpacht im Osten eher einen Jagdschein vom Psychiater bräuchten. Auf Rü-gen, so berichtet die »Ostsee-Zeitung«, versuchte am vergangenen Wochenende ein dreiundsechzigjähri-ger Mann aus Nordrhein-Westfalen nicht nur eine Wildschweinmutter zu ermorden, die Frischlinge bei sich führte – er traf stattdessen auch noch einen Traktorfahrer in den Bauch. Fast gleichzeitig kam es in der Nähe von Rostock zu einer handfesten Eskala-tion des Kalten Krieges. Der Agrarminister von Mecklenburg – ausnahmsweise ein Einheimischer und zudem verheiratet mit einer ehemaligen Miss Ostdeutschland – geriet mit seinem Fahrrad und ei-nem Mercedes-Fahrer aus – woher wohl? – Nord-rhein-Westfalen aneinander. Der Showdown endete mit zwei widersprüchlichen Strafanzeigen: Einer will angefahren, der andere geschlagen worden sein: Ost-Minister gegen West-Rentner, Faust gegen SLK, Aussage gegen Aussage ... Ganz in der Nähe flog am gleichen Tag sogar ein Reh – offenbar auch von Rasern touchiert – quer über die Fahrbahn und fegte einen Radfahrer aus dem Sattel.

Solche Geschichten fehlen natürlich in Ostsee-Sonder-Heften, in denen überregionale Medien wie der »Stern« von unberührter Natur schwärmen und ihre Leser – oft noch garniert mit angeblichen Geheimtipps eingeborener Verräter – zu Urlaub oder gar Umzug verleiten. Deshalb eine Bitte – und ich meine das ausnahmsweise ehrlich und nur gut: Falls Sie Menschen aus dem Westen kennen, vielleicht sogar mit welchen befreundet sind oder nur Mitleid haben – sagen Sie das weiter! Teilen Sie es auf Facebook mit oder schreien Sie es ihnen zur Not auch noch auf der Strandpromenade ins Gesicht: Westdeutsche sollen lieber durch die reizenden Täler des Hindukusch wandern! Meinetwegen auch Pilze in ukrainischen Wäldern sammeln oder mit Freunden ein Picknick auf dem Tahrirplatz in Kairo machen – aber keinen Urlaub an der ostdeutschen Ostsee mehr. Insbesondere nicht auf Usedom, wenigstens diese und nächste Woche nicht. Gib Westdeutschen eine Chance – auch mir zuliebe. Danke.

»Die glücklichen Sklaven sind die erbittertsten Feinde der Freiheit.«
Marie von Ebner-Eschenbach

FLÄCHENDECKENDES MINDESTGLÜCK

Mit »vor und nach 89« gilt in Ostdeutschland zwar eine eigene Zeitrechnung. Alles andere wird nach wie vor am Westen gemessen: Geschichte, Glück, jeder Pups. Eine Maßnahme

Nachdem wir alles über Hitlers Helfer wissen – seine Hunde, Frauen und Grillrezepte –, widmet sich ZDF-History auch mal jüngeren Themen. In der Reihe »Bilder, die Geschichte machten« ging es zuletzt um Willy Brandts Kniefall in Warschau, und der Off-Sprecher schwadronierte im dramatischen Präsens: »25 Jahre nach Kriegsende gibt es immer noch keine diplomatischen Beziehungen zwischen Deutschland und Polen ...«

Moment, dachte ich, 1970? Da war doch noch was, die DDR zum Beispiel oder der Warschauer Vertrag ... – aber da war der Beitrag auch schon vorbei: »Nur 41 Prozent der Deutschen«, hieß es am Ende noch, »halten damals den Kniefall für richtig, die Mehrheit hält ihn für unangemessen.«

Obwohl die einzig wahren Deutschen schon immer gern für die anderen mitsprachen, wird die »DDR« inzwischen nicht mal mehr in läppischen Gänsefüßchen erwähnt.

Für ZDF-»Historiker« gibt es auch im Rückblick nur ein Land. Und wenn dort 1970 etwas für richtig oder unangemessen gehalten wurde, sind 100 Prozent »der Deutschen« automatisch die, die man damals befragen konnte. Der Rest wird heute von der SPD beim »flächendeckenden« Mindestlohn ebenso unterschlagen wie seinerzeit deren »Oder-Neiße-Friedensgrenze« zu Polen.

Wahrscheinlich ist das nicht mal böse Absicht, kalter Frieden oder nur Gedankenlosigkeit. Westdeutsche Medien sind es gewohnt, scheinbar komplizierte Dinge zu vereinfachen – und so dem Horizont ihrer Zuschauer anzupassen. Ob bei historischen Vergleichen, weltweit oder innerdeutsch, in der Politik oder zwischen Birnen und Apfelmus: Der Westen ist das Maß aller Dinge, egal wie vermessen das ist.

Berichtet die »Tagesschau« über die dramatische Bevölkerungsentwicklung, wird als Vergleich ohne Hemmung allein das westdeutsche Jahr 1964 herangezogen, als »in Deutschland« noch 1,4 Millionen Babys zur Welt kamen. Ruft die Sozialkapitalistische Partei Deutschlands (SPD) den »flächendeckenden« Mindestlohn aus, ist der schneller vom Koalitions-Tisch als die dämliche Pkw-Maut. Es gibt – so die einfache Rechnung – im Osten ohnehin kaum SPD-Mitglieder, die dagegen stimmen können.

Dafür gilt – anders als bei normalen Schauspielern aus Hamburg oder Köln – für Kollegen mit DDR-Wurzeln immer noch die Berufsbezeichnung »Ost-Schauspieler«. In den meisten Fällen ist das zwar kein Makel – schließlich ist Babelsberg »das neue Hollywood«. Aber wieso ist zum Beispiel Manfred Krug nach sechsundsiebzig Jahren, von denen das Telekom-Maskottchen nicht mal dreißig in der DDR verbrachte, für den Kölner Stadtanzeiger nach wie vor »Die funky Seele des Sozialismus«?

Der Westen braucht solche Klischees, um bestimmte Phänomene zu verkraften. Wenn ein Ostberliner Eishockey-Verein viele Fans hat, staunt »Die Zeit« über den »FC Bayern des Ostens«. Finden Berliner Schwaben plötzlich Schwalben schick, wird die »Ost-Vespa« daraus. Und »spiegel-online«, eine oft überschätzte Nachrichtenseite aus Hamburg, erklärt die Modezeitschrift »Sibylle« als »Vogue des Ostens«. Die Vergleiche können noch so einfältig sein, Hauptsache sie kommen von oben herab und der eigenen Ahnungslosigkeit entgegen, ohne daran viel zu ändern. Nur für Regine Hildebrandt, der letzten glaubwürdigen SPD-Politikerin seit Clara Zetkin, fehlten West-Journalisten stets Beispiele, weshalb man sie als »Mutter Courage des Ostens« belächelte. Sie kannten ja nur Mutter Beimer.

Was aber würden »Vogue«-Verleger sagen, wenn man ihr Blatt »Sibylle des Westens« nennt? Oder wäre dieser Umkehrschluss schon eine unzulässige Aufwertung der »Vogue«-Models? Der »Stern« wäre dann – zumindest was die regionale Verbreitung betrifft – so etwas wie die »SuperIllu der BRD«. Ein Mercedes der Wartburg des Westens; Thilo Sarrazin der Sudel-Ede der Westberliner SPD; der Euro die Ostmark unter den Weltwährungen ...

Besonders deutlich wird die Verschiebung der Maßstäbe bei den beiden deutschen Film-Indianern: Gojko Mitić, Häuptling aller DEFA-Krieger, muss sich schon seit Jahrzehnten als »DDR-Winnetou« verunglimpfen lassen oder – wie in der westdeutschen Zeitung mit dem anmaßenden Titel »Die Welt« – noch despektierlicher als »Pierre Brice des Ostens«. Dabei sah der ostdeutsche Serbe nicht nur besser aus, hatte mehr Muskeln und Rollen, als immer nur eine – er kämpfte auch lieber und quatschte weniger als der westdeutsche Franzosen-Häuptling. Schließlich nahm er dem 1992 sogar den Job in Bad Segeberg weg, einer der wenigen Fälle, bei denen selbst im wilden Westen mal das Gute siegte.

Bei wichtigen Fragen der Zeit aber gilt weiter zweierlei Maß: Der globale Westen bestimmt, wer Atomwaffen haben darf – und für wen die Reisefreiheit vor Lampedusa endet. Die Frontex-Schergen sind die Mauerschützen des Westens. Der antiafrikanische Schutzwall teilt die Welt, Deutschland nur noch der Mindestlohn – oder habe ich mich schon einmal über die flächendeckenden Lügner von der SPD aufgeregt? Egal. Selbst der sogenannte Hilfsfond für Heimkinder

sollte zunächst nur westdeutsche Opfer von Demüti-
gung, Prügel und Zwangsarbeit entschädigen; Kinder
aus DDR-Heimen nicht.

Die Begründung war nach Westmaßstäben nur logisch: Wer ohnehin in einer Diktatur geboren wurde,
hätte natürlich auch nicht den gleichen Anspruch auf
körperliche oder gar seelische Unversehrtheit wie Kinder, die eigentlich – nun ja – in einem Rechtsstaat
aufwuchsen. Misshandlung gehörte zum DDR-Alltag,
Pech für die Kinder – selbst schuld. Erst nach Protes-
ten stellte sich heraus, dass im Osten auch nicht anders geschlagen, missbraucht und gelitten wurde als
im Odenwald. Nun soll es auch dort Schmerzensgeld
werden – vermutlich 70 Prozent, falls die Opfer immer noch im falschen Teil des Landes leben.

Das können sie leicht im »Glücksatlas« (http://
www.gluecksatlas.de) der Post nachschlagen, in dem
jährlich die Zufriedenheit der Deutschen kartogra-
phiert wird. Gern kaprizieren sich die Zeitungsmeldungen dazu auf den Abstand zwischen tendenziell
eher traurigen Ostdeutschen und dem personifizier-
ten Glück im Westen. Die Lebenszufriedenheit dort
gilt dabei selbstverständlich als flächendeckend anzu-
strebendes Maximum. Noch bezeichnender sind die
vorgegebenen Antworten der Studie: »Macht Geld
glücklich?«, heißt es darin explizit, und die westdeutsche Mehrheit antwortet: »Ja, vor allem wenn man
mehr verdient als sein Umfeld.«

Glück durch Schadenfreude also, Selbstzufrieden-
heit durch sozialen Abstand nach unten. Man könnte

es auch das flächendenkende Mindest-Scheiß-Glück des Westens nennen. Ein Kasten-System, in dem sich jeder mit dem Mythos tröstet, er könne »sein Glück machen«, wenn er nur mehr Geld hätte als sein Nachbar. Ist es ein Wunder, dass anständige Menschen darauf mit Nein antworten? Auf der anderen Seite: Wenn Geld allein nicht glücklich macht, wie es früher hieß, müssten Ostdeutsche mit ihren im Durchschnitt fünfmal kleineren Nettovermögen nicht fünfmal fröhlicher sein als etwa Süddeutsche? Und wieso stagniert das flächendeckende Mindestglück im Westen seit Jahren?

Ist das ein Trend? Sind die galoppierenden Krisen eine Art Perestroika des Westens? Seine Schulden ein falsches Versprechen auf die Zukunft wie der Sozialismus? Prager Frühling in Athen? Solange Glück in Euro gemessen wird, scheinen zwar noch westliche Werte zu gelten. Aber an ähnliche Hoffnungen klammerten sich die Betonköpfe 1989 auch bis zum Schluss. Die Politbüros des Westens wirken oft ähnlich ratlos, selbst wenn sie sich gegenseitig abhören. Viel Glück jedenfalls!

»Schwerhörigkeit ist der Mercedes unter den Krankheiten.«
Wolfgang Herrndorf

VERWÖHNTE BOXENLUDER

Trabis haben zwar geknattert und gestunken, aber wenigstens nicht gesprochen. Heute verhandeln altkluge Autos sogar die Preise mit der Werkstatt selbst. Eine Durchsicht

Unser Auto stammt aus Stuttgart, ist schon über zehn Jahre alt und trägt einen spanischen Mädchennamen, den ich mal lieber mit M. abkürze. Er klingt ohnehin temperamentvoller als ihr Dieselmotor. Außerdem soll das hier weder Werbung sein noch die letzten Anzeigenkunden vergraulen. Vermutlich hat M. – neben ihrem Anspruch auf genderkorrekte Personalpronomen – sogar so etwas wie Persönlichkeitsrechte, denn sie kommuniziert mit uns. Jedenfalls bettelte sie schon seit mehreren hundert Kilometern um eine Inspektion. »Service E« leuchtete in ihrem »Kombi-Instrument«, wobei sie Wert darauf legt, eine Limousine zu sein. Aber weil sie gerade frisch adoptiert ist, lieblos abgeschoben übrigens unter der Rubrik »Gebrauchte«, sollte sie ihren Willen haben.

Es war das erste und – so viel kann ich verraten – auch das letzte Mal, dass ich ohne Not die Leipziger

Niederlassung ihrer Verwandten aufsuchte. Dort riecht es nach neuen Reifen. Es sieht eher aus wie in einer Bank und wird selbstredend von Westdeutschen geleitet, was aber nach dreiundzwanzig Jahren sicher nur noch daran liegt, dass die sich auch auf gesellschaftlichem Parkett zu bewegen wissen, auf dem Leipziger Autohaus-Chefs aus Mangel an echter Prominenz gern gesehen sind. Arglos fragte ich an einem Service-Tresen nach den Kosten für eine Durchsicht beziehungsweise »Service E«. Doch so einfach ist das nicht.

Entweder fragt man hier nicht nach Preisen – oder M. ist schon zu alt. Ihre jüngeren Geschwister, so wurde mir erklärt, kennen nur noch »Assyst A, B oder Assyst B plus«. Mit »Service E« schien M. autodemografisch kurz vor dem Schrottplatz zu stehen. Aber ich sollte mir keine Sorgen machen – das Auto werde dem Meister schon verraten, was es braucht.

Offenbar bespricht M. doch nicht alles mit uns. »Sie – also es«, hakte ich nach, »bestimmt das selbst?« Die junge Frau lachte gequält: »Ja, so ungefähr. Über Werkstattcodes und Intervalle.« Genau könne man das allerdings erst mit »Assyst« auf einem Computer auslesen.

Ehrlich gesagt – und so ehrlich sage ich das auch – möchte ich aber nicht, dass M. mit einem von M. programmierten Computer in einer geheimen M.-Sprache bespricht, was M.-Mitarbeiter mit ihr machen. Weil ich dafür bezahle, wäre mir eine Zahl lieber, am liebsten auf Deutsch, zur Not auch in Euro. Wenn nichts weiter sei, hieß es nach einigem Hin und Her, wären für einen großen Service etwa 500 Euro fällig. Da seien dann aber schon alle Flüssigkeiten und Filter dabei. Ich schluckte trotzdem.

Bitte nicht falsch verstehen: Wir gönnen M. diesen Wellnesstag. Es geht um ihre Sicherheit, damit auch um unsere, nicht zuletzt um den Stempel im Service-heft – was man sich von Heilpraktikern in Latzhosen eben so einreden lässt, selbst »wenn nichts weiter ist«. Dennoch ermahnte ich M. noch mal eindringlich: Sie solle sich bloß zusammenreißen! Keine Extra-Wün-sche! Aber sie blinkte nur aufgeregt, als sie mit ihrem persönlichen Meister in der Assyst-Dolmetscher-Kabi-ne verschwand.

Ich sollte in der Zwischenzeit einen Kaffee trinken, Milch und Zucker alles gratis. Und so weiß ich leider nicht, ob es tatsächlich M. war, die sich »Assyst Plus 001181« wünschte – den »großen Wartungsumfang« mit etlichen »Zusatz«-Codes. Jedenfalls hatte man sich mit ihr auf einen Komplettpreis von 842 Euro geeinigt. Mir wurde die Differenz mit dem extra Auf-wand für Autos »mit SBC« erklärt – oder was M. sonst noch an elektrohydraulischem Klimbim mit sich rum-schleppt und bisher verschwiegen hat. Ich zögerte kurz mit der Unterschrift, aber der Meister schaute mich an, als hätte er darauf auch keinen Einfluss: Der Computer, die Intervalle, M. und ihre Ansprüche. So ein verwöhntes Boxenluder!

Den ganzen Tag ließ sie sich ihre Ventile schmieren, »Keilrippenriemen« massieren und andere Frivolitäten gefallen. »Prüfen, Erneuern, Durchführen« stand später lapidar auf der Rechnung. Zwischendurch rief der Meister noch mal an, weil er Wasser in den Blinkern entdeckt hatte: Ob »wir« die für je 90 Euro nicht tauschen sollen? Zudem sei etwas Plastik am Gurtschloss gerissen, die Bremsen in 8000 Kilometern fällig ...

»Was sagt denn M. dazu?«, fragte ich. Ihre Kontrolllampe für die Bremsen leuchte zwar noch nicht, gab der Meister zu – und so genau könne man die Restkilometer auch nicht bestimmen. Sicher aber hätte M. nichts dagegen, wenn »wir« das für 500 Euro auch noch gleich ...

»Nein«, sagte ich schroff und ließ mein schlechtes Gewissen dafür sofort zu neuen Scheibenwischern überreden. Wer ahnt auch, dass die hier 86 Euro kosten – ein paar Wischerblätter aus Gummi! Vermutlich nicht mal M., die zu aller Verschwendungssucht auch noch ein bisschen blöd sein muss, genau wie ich. Immerhin haben wir beide nicht gemerkt, dass sie auf dem rechten Scheinwerfer etwas schielte. Angeblich ergab das der »kostenlose Lichttest«, dem weder sie noch ich widersprechen konnte, weil nie die Rede davon war. Dem TÜV-Mann vor wenigen Wochen muss es auch entgangen sein. Egal, sind ja nur »2 AW« für 18,20 netto, am Ende insgesamt 949,69 Euro, obwohl nichts weiter war. Wahrscheinlich hat der Niederlassungsleiter oder jemand aus dem Vorstand in Stuttgart persönlich Hand angelegt.

M. strahlt jedenfalls, als ich sie abhole. Ob es wenigstens schön war, frage ich gereizt und deute ihr

Schweigen auch ein wenig als Scham für das übertriebene Gejammer vorher. Das »Wasser« in den Blinkern ist nur ein wenig Kondensat – vielleicht sogar von der oberflächlichen Wäsche zum Schluss?! Und was soll das bitte heißen, lese ich M. an der ersten Ampel aus der Rechnung vor: »Laufräder ab- und anmontieren«? Bezahle ich etwa einen Schuster, damit er mir meine Schuhe an- und auszieht?! Die beschädigte Gurtschnalle finde ich gar nicht und will gerade weiter schimpfen, da piept M. schon wieder altklug, ich solle mich gefälligst anschnallen. Penetrant, bevormundend: typisch Besserwessi!

Drei Wochen später ruft die Niederlassung noch mal an, ob wir mit dem Werkstattbesuch zufrieden waren. Ich drucke ein wenig herum – zumal ich gerade im Auto sitze. Womöglich hört M. mit und lässt mich bei einem falschen Wort mitten in Hessen im Stich. Danach lege ich schnell auf und lösche die Nummer aus der Freisprechanlage, damit M. nicht heimlich zurückruft, wenn sie sich auf dem nächsten Parkplatz unbeobachtet fühlt. Und genau einen Tag später – keine 1000 Kilometer nach dem Werkstatttermin – geht die Meckerei schon wieder los. »Kühlmittel«, steht im Display – »Werkstatt aufsuchen!« Es klingt nicht wie eine Bitte.

Vorsichtshalber halte ich trotzdem an und krame die Rechnung erneut raus. Öl, Bremsflüssigkeit und allerlei Filter stehen darauf – jeder Posten als »Zusatz-Service« extra aufgeführt, sogar das Scheibenwaschmittel. Aber Kühlmittel – der simple Kühlerstand, wie man früher sagte – gehört offenbar nicht zum »großen Wartungsumfang Assyst plus«. Wütend lasse ich den Motor wieder an und denke still: »Schnauze!« Ich habe es diesmal wirklich nicht laut gesagt, aber seitdem redet M. tatsächlich kein Wort mehr mit uns. Womöglich kann sie sogar Gedanken lesen? Ist mir aber inzwischen auch egal, solange die Kühlmittel-Warnung weiterhin aus bleibt.

> *»Sie gaben uns viele Versprechen, aber gehalten haben sie nur*
> *eins. Sie schworen, unser Land zu nehmen, und sie haben es*
> *genommen.«*
> Red Cloud, Lakota-Chief

INDIANERFORSCHER
UNTER SICH

Die Deutungshoheit über Vergangenheit gehört traditio-
nell den vermeintlichen Siegern der Geschichte. Westdeut-
sche Ost-Experten können sogar die ganze DDR haben.
Ein Geschenk

Trotz eindringlicher Warnungen war ich jetzt doch
mal in einem DDR-Museum. Es liegt gleich um die
Ecke der Berliner Redaktion, in einer Art Souterrain
zwischen Dom und diesem Aquarium mit Hotel. Und
wenn die Spree endlich auch mal Hochwasser hat,
läuft es hoffentlich voll.

Man kann dort in einem Trabi sitzen und zu »Ori-
ginal-Geräuschen« durch ein Plattenbauviertel knat-
tern. Gerüche werden simuliert. Wie in einem Ad-
ventskalender lassen sich etliche Türchen in die DDR
öffnen. Dahinter zeigt sie sich mal von ihrer niedli-
chen Pittiplatsch-Seite, aber auch die Stasi wird für
Gäste aus dem Westen kindgerecht erklärt – alles fein

in Schubladen sortiert, damit niemand durcheinander kommt. Beinahe hätte ich sogar zum ersten Mal in meinem Leben »Lipsi« getanzt oder die Kandidaten der Nationalen Front gewählt. So ungefähr muss sich ein Apache vorkommen, wenn er die »Villa Bärenfett« in Radebeul besucht. Das Beste aber ist, dass sich schon Westdeutsche in die Haare kriegten, wer von ihnen das authentischste Indianer-Museum Ost-Berlins betreibt.

Hans Walter Hütter aus Nordrhein-Westfalen, Historiker und Präsident der Stiftung Haus der Geschichte der Bundesrepublik Deutschland, hatte in der »Berliner Zeitung« über seine Ausstellung in der Kulturbrauerei behauptet, sie sei »tiefgründiger«. Robert Rückel, ein Völkerkundler aus Freiburg, empörte sich daraufhin in der »Berliner Morgenpost«, die anderen würden sein DDR-Museum am Dom nur kopieren: »Die Schrankwand mit den Matrjoschkas zum Beispiel ... – das gleiche ist uns auch eingefallen.«

Zum Glück streiten sich westdeutsche Ostexperten nicht nur über den tristen Alltag in der DDR. Sie kümmern sich auch um die richtige Bewertung eines Landes, in dem sie nie leben durften oder mussten. Einer, dem man die eigene Opferrolle trotzdem beinahe abkauft, ist Hubertus Knabe. Der Direktor der Stasi-Gedenkstätte in Berlin-Hohenschönhausen kam allerdings erst nach der Flucht seiner Eltern im Westen zur Welt. Um so mehr verdient die Hartnäckigkeit Respekt, mit der er immer wieder das Verbot von menschenverachtenden Symbolen wie Hammer, Zirkel und Ährenkranz fordert. Und es wirkt sogar: Seit ihrem Besuch in Knabes Gedenkstätte hat die Kanzlerin jedenfalls nie wieder im Fernsehen davon geschwärmt, wie gern sie in der FDJ gewesen sei.

Einen meiner liebsten und zumindest in den Medien profiliertesten Ost-Experten – Prof. Dr. rer. biol. hum. habil. Elmar Brähler – zog es laut einer Pressemitteilung der Universität Leipzig »nach über zwanzig Schaffensjahren wieder nach Gießen«. Neben zahlreichen Befunden zu rechtsextremen Einstellungen im Osten (»Jeder sechste, jeder dritte ...«) und Trends bei »Körperschmuck und -behaarung« fand er über »innerdeutsche Migration« schon 2004 heraus, »dass ein höherer Anteil der Westdeutschen im Osten wieder zurück will«. Jetzt hat er selbst doch bis zur Pensionierung durchgehalten, und ich frage mich dankbar und besorgt: Gibt es das Auffanglager in Gießen eigentlich noch?

Trotzdem muss sich niemand Sorgen machen, dass sich Fachleute aus dem Westen irgendwann nicht mehr für die DDR oder entsprechende Posten im Osten interessieren. Der Strom reißt nicht ab. Selbst Koryphäen wie der frühere Geschichtsexperte der Pro7-Sendung »Galileo Mystery« können der Versuchung nicht widerstehen. Der junge Historiker aus Bayern leitet neuerdings die Erfurter Gedenk- und Bildungsstätte Andreasstraße, wo die Staatssicherheit eine Untersuchungshaftanstalt betrieb. Für insgesamt 276 000 Euro untersuchen drei westdeutsche Professoren gerade im Auftrag des Bundesinnenministeriums, wie sich die Reservate nach fünfundzwanzig Jahren in die politische Landschaft des Westens eingefügt haben. Das Forschungsprojekt »Deutschland 2014« läuft zwar offiziell an der Martin-Luther-Universität Halle-Wittenberg. Neben dem 68-jährigen Projektleiter, der dort ab 1992 eine Professur hatte und als eine Art Gnadenbrot seit 2012 das »Zentrum für Sozialforschung« leitet, ist ein 67-jähriger Politologe aus Stuttgart beteiligt, außerdem ein Medienwissenschaftler von der Universität Trier-Kaiserslautern. Es geht um »Kontinuität und Wandel der politischen und gesellschaftlichen Orientierungen im geeinten Deutschland seit 1990«. Und ein Kontinuum zeigt die postkoloniale Indianerforschung schon recht deutlich: Es machen sich ausschließlich unerschrockene Frauen und Männer aus der freien Welt darum verdient. Leider auch in der Populärwissenschaft.

Sie biedern sie mit irreführenden Buchtiteln an wie die Hamburger Autorin von »Klar bin ich eine Ostfrau!« oder schwärmen auf einem Blog namens »ostlust.de«, wie viel »wärmer, verlässlicher, spontaner« Ostdeutsche sind: »Obwohl von einer Diktatur geprägt, ... haben sie weniger Vorurteile als wir Wessis.« Eine Radiotante aus Schleswig-Holstein hat dagegen in Berlin rausgefunden, dass die »Mauer in den Köpfen nicht verschwunden ist«. Nach Gesprächen mit »Menschen aus der ehemaligen DDR« glaubt sie: »Der Osten ist ein Gefühl.« Und damit das nicht verschwindet, gibt es natürlich auch schon eine »Wendewundergeschichte« für Kinder über den Leipziger

Herbst 1989. Sie heißt: »Fritzi war dabei« – die Autorin leider nicht. Da freut man sich fast, wenn ein eher zurückhaltender Journalist bei seinem Leisten bleibt und ein Buch über »Westdeutsche im Osten« schreibt. Allein der Titel – »Zweite Heimat« – verrät einmal mehr die besitzergreifende Impertinenz.

Zu Gast bei Markus Lanz erklärte die Arbeitsmarktexpertin Uschi Glas vor ein paar Monaten, warum sie den Mindestlohn problematisch findet – nämlich weil »wir vor allem in den neuen Bundesländern wirklich nicht gut qualifizierte Menschen haben«. Kurz zuvor – vermutlich spürte er schon, dass es mit »Wetten dass ...« zu Ende ging – hatte sich Lanz selbst als Fachmann für ostdeutsche Heimatkunde empfohlen, indem er sein Publikum in Halle als »Leipziger« begrüßte – ein Fauxpas ohnegleichen. Dann soll er den Wettpaten Lukas Podolski auch noch gefragt haben, ob der gebürtige Pole schon mal so weit im Osten war. Am Ende rettete der Italiener aus Südtirol die Situation mit der überaus originellen Idee, als Wetteinsatz mit einem Trabi nach Magdeburg zu fahren: »Ich freue mich darauf!«

Vor knapp zwei Jahren hatte ich für solche Fälle von Schleimer- und Besserwisserei einen Preis gestiftet. Schon damals quoll die geistige Shortlist über, so viele würdige Kandidaten hatten sich indirekt mit qualifizierten Aussagen über Ostdeutschland beworben. Der erste Preisträger reagierte leider nicht mal auf meine Glückwünsche. Und so gammelt die »Braune Banane« hier immer noch rum. Eigentlich läuft sie eher und stinkt. Lediglich die Schale hat noch etwas Konsistenz, was ihren symbolischen Wert noch einmal überhöht.

Ohne weiteren Wettbewerb würde ich sie deshalb gern Andreas Maluga widmen. Er ist vermutlich einer der seltsamsten westdeutschen Resteverwalter der »Ehemaligen«, pflegt in Bochum ein »DDR-Kabinett« und spricht in einem Youtube-Video vor alten Grenztruppenoffizieren über »unsere gemeinsame Sache«. Die »Angehörigen der bewaffneten Organe«, wie sie der DKP-Mann korrekt anspricht, spenden ihm freundlich Beifall für Worte wie »Siegerjustiz« und »Konterrevolution«. Aber ehrlich gesagt: Mit solchen Freunden im Westen hat man auch nichts anderes verdient. Von mir aus können westdeutsche Ost-Experten die ausgeplünderte DDR sogar ganz haben und für immer behalten – hier wollte sie ja sowieso keiner mehr.

> *»Ein Ochse kennt seinen Herrn*
> *und ein Esel die Krippe seines Herrn;*
> *aber mein Volk versteht's nicht.«*
> Jesaja 1,3

MANDATE FÜR DIE HEILSARMEE

Volksvertreter müssen nicht das Volk sein. Für Ostdeutsche nehmen diese Bürde sogar besonders viele Westdeutsche auf sich. Eine Arbeitsbeschaffungsmaßnahme

Man kennt das vom Elternabend, aus Vereinen oder jeder beliebigen Behörde im Osten: Immer noch fällt es früheren DDR-Bürgern schwer, Verantwortung zu übernehmen. Dank glücklicher Umstände stehen dafür seit 1990 reichlich Fachkräfte aus dem Westen zur Verfügung. Und obwohl es nicht allen nur um schnödes Prestige geht, wird auch eigennütziges Engagement zu selten gewürdigt.

Erst vor ein paar Wochen enthüllte »Die Zeit« das offene Geheimnis, wonach die dreiundzwanzig Jahre alten neuen Bundesländer nach wie vor von Westdeutschen »beherrscht« würden. Allein die Wortwahl klang irgendwie kleinlich, zumal sich diese Erkenntnis auf lediglich 146 der 192 Spitzenposten in ostdeutschen Ministerien bezog, auf denen Westdeutsche kleben wie mit Uhu aus dem Intershop verleimt – also gerade mal 74 Prozent. Dennoch staunte darüber sogar der bayrische Politikwissenschaftler Werner J. Patzelt, der dort auch schon zwanzig Jahre aushilft. Der »Dresdner« Professor, wie er deshalb in Zeitungen oft versehentlich genannt wird, hätte gedacht, dass es inzwischen mehr Einheimische »nach oben« geschafft hätten.

Aber nichts. Der indigene Ostdeutsche ist offenbar zu träge, ungeeignet oder zu kleinlaut – und wird deshalb auch im neuen Bundestag (falls der irgendwann doch noch mal richtig arbeitet) von überproportional vielen Abgeordneten vertreten, die vorher nicht oder noch nicht lange in der Gegend lebten, in der sie sich aufstellen und wählen ließen.

Zunächst dachte ich auch in diesem Zusammenhang an die üblichen Verdächtigen, gescheiterte Glücksritter und dergleichen. Aber nachdem schon lange vor der Wahl gleich vier zugezogene SPD-Genossen aus dem Westen um Wolfgang Thierses Ostberliner Wahlbezirk rangelten, habe ich mal genauer hingesehen, wer hierzulande sonst noch so von Plakaten grinste. Es mag eine schlechte Angewohnheit sein, stets zu googeln, wo jemand herkommt, vielleicht sogar fremdenfeindlich. Auf der anderen Seite komme ich vergleichsweise viel in den Kolonien herum und kann nur sagen: Die demokratische Aufbau Ost scheint für viele Westdeutsche immer noch eine Herzenssache zu sein – ja, interessanter als anständige

Berufe zu Hause. Das kann nicht nur am Mindestlohn liegen, der zumindest bei Diäten auch im Osten schon flächendeckend gilt.

Quer durch alle Parteien, von Links bis NPD, tummelten sie sich auf den vorderen Listenplätzen. Neben prominenten Namen wie Frank-Walter Steinmeier aus Detmold oder Thomas de Maizière aus Bonn, die ihre Wahl-Heimat in Brandenburg und Sachsen fanden, fielen mir besonders viele Grüne auf: Ulrike Seemann-Katz aus Schleswig-Holstein etwa – jetzt Mecklenburg – oder die beiden »Brandenburger« Spitzenkandidaten aus Hannover und München. Nicht selten versuchten sie es schon zum zweiten Mal wie Dieter Lauinger aus Baden-Württemberg, als wenn jeder Name mit »-inger« automatisch als Thüringer durchgeht. Aber warum? Ist man als Richter in Erfurt nicht schon ganz gut versorgt?

Im Wahlkreis Leipzig-Nord traten ein Stuttgarter Pirat und ein Oberfranke für die FDP gegen eine Steuerberaterin aus München an, die schon seit 2009 für die CDU im Bundestag sitzt, nachdem sie als Leipziger Finanzbürgermeisterin beide Augen für ... – aber lassen wir das. Noch ungeschickter stellte sich Johannes Lohmeyer in Dresden an, der dort mehrere Hotels führt und sich für die FDP so bewarb: »1964 erblickte ich im schönen Eslohe im Hochsauerlandkreis das Licht der Welt. Die Sauerländer sind ein wildes Bergvolk; streng katholisch, lebenslustig ...« Eine Parteifreundin aus Lörrach konkurrierte im Spreewald mit einer Rechtsanwältin von der SPD und einem grünen

Architekten, beide aus München. Gegen die CDU-Frau hatten sie trotzdem keine Chance, denn die kam nicht nur in Cottbus zur Welt, sondern wurde von sexistischen »Bild«-Lesern nach ihrer Wahl auch noch zur neuen »Miss Bundestag« gewählt.

Die Hamburgerin Angela Merkel dagegen wird zwar häufig für eine Ostdeutsche gehalten, hat aber noch nie in ihrem Ostseewahlkreis gelebt oder eine Miss-Wahl gewonnen. Neben den Abgeordneten Dietrich Monstadt aus Bochum, Peter Stein aus Siegen und Sonja Steffen aus der Eifel sitzt sie trotzdem wieder für Mecklenburg im Parlament.

In Brandenburg stammen gleich vier von zehn direkt gewählten Abgeordneten aus dem Westen: Ein Hamburger Rechtsanwalt für die Prignitz; ein Finanzwirt aus Winsen (Luhe) für den Wahlkreis Oberhavel/Havelland II. Bei Hans-Georg von der Marwitz, geboren in Heidelberg und jetzt wieder auf den Gütern seiner Ahnen in Märkisch-Oderland zu Hause, wirkt das beinahe gottgegeben – vorausgesetzt man begrüßt die Rückkehr zum Feudalismus. Außer Frank-Walter Steinmeier – Bundesminister a.D. beziehungsweise in spe – rutschte für die SPD auch noch ein Gewerkschafter vom Niederrhein rein. Ebenso eine grüne Brandenburgerin aus Hannover. Und wer – aber das nur nebenbei – übernahm deren Posten als Landesvorsitzende? Eine Frau aus Münster.

Oft wird im Osten auf ABM, Ausländer oder EU-Freizügigkeit geschimpft. Umso ermutigender ist es, dass sich Westdeutsche selbst dann nicht entmutigen lassen, wenn sie in ihren Wahlkreisen eigentlich keiner will. Ihr Trostpreis ist die Landesliste. Und so vertreten SPD-Genossen aus Westfalen und Hessen trotzdem Ost-Berliner in Pankow und Köpenick, eine Frau aus Münster – schon wieder – Marzahn und Hellersdorf. Der traditionell einzig direkt gewählte Grüne, der neben Kreuzberg auch für Friedrichshain zuständig ist, kam wenigstens in Halle/Saale zur Welt. Vielleicht ist es aber auch nur Zufall, dass Hans-Christian Ströbele bei Wählern und Whistleblowern besonders viel Glaubwürdigkeit genießt.

Thüringen verlor nur drei engagierte Westdeutsche nach Berlin, ebenso Sachsen-Anhalt, das Bundesland mit der niedrigsten Wahlbeteiligung. Dort hat es auch Jan Korte wieder geschafft, der früher in Niedersachsen bei den Grünen mit Politik anfing, aber bei der Linkspartei in Sachsen-Anhalt 2009 sogar mal ein Direktmandat gewann und nebenbei eine Art Karriereratgeber für westdeutsche Berufspolitiker verfasst hat. Das Büchlein heißt: »Geh doch rüber!« und kostet 9,90 Euro.

Sachsen ordnete acht Westdeutsche ab, darunter einen Offizier der Heilsarmee aus Siegen für die CDU, aber auch einen ausgedienten West-Berliner Polizisten für die SPD – nicht zuletzt drei Linke, denen die SED-Keule nichts ausmacht, weil sie die Blütezeit dieser Partei noch im Westen erlebten. Überhaupt muss man sagen, dass die Linkspartei die Einheit am gründlichsten vollzogen hat: Obwohl sie ihm Westen keinen leeren Blumentopf gewinnt, stammen 38 ihrer 64 Bundestagsabgeordneten von dort. Mit Sahra Wagenknecht, Thomas Lutze und Katrin Werner sogar drei ehemalige DDR-Bürger, die jetzt – vermutlich eher aus privaten Gründen – im Westen leben. Angesichts der Völkerwanderung von Ost nach West wirkt Moskaus fünfte Kolonne damit beinahe unterrepräsentiert, jedenfalls unauffälliger als die Überrepräsentanz umgekehrt.

Wenn ich mich nicht verrechnet habe – und ich hatte Mathe ja nicht in Bremen oder NRW –, sind auf der anderen Seite 24 von 103 Mandaten mit Westdeutschen besetzt. Rechnet man noch die tapferen Ostberliner Westfalen mit ein, ist jeder vierte ostdeutsche Abgeordnete gar keiner – Grenzfälle wie Frau Merkel vorsichtshalber mal außen vor.

Dafür ist Karamba Diaby aus Halle schon jetzt der neue Medienliebling im Bundestag. Ständig soll er etwas zur künftigen schwarz-roten Koalition sagen – als SPD-Genosse und gebürtiger Afrikaner ... Leider ist er zu höflich, um diesen plakativen Rassismus zu geißeln. Vielleicht auch, weil er in erster Linie »Ostdeutscher« ist, wie er selbst gern und ausdrücklich betont. Das immerhin trauen sich die meisten westdeutschen Ost-Abgeordneten noch nicht. Sie wollen ja in vier Jahren wieder gewählt werden.

> »Wir sind überzeugt, dass Freiheit ohne Sozialismus Privilegien-
> wirtschaft und Ungerechtigkeit, und Sozialismus ohne Freiheit
> Sklaverei und Brutalität bedeutet.«
Michail Bakunin

MACH'S NOCH EINMAL, FRED!

*Vor 25 Jahren rottete sich in Leipzig die erste größere De-
monstration seit dem Volksaufstand 1953 zusammen. Einer
der Rädelsführer kehrt nun heim. Eine Heldengeschichte*

Fred wird mich dafür hassen, vielleicht boxen oder
wieder penetrant bescheiden tun: Er sei es ja nicht allein gewesen; andere saßen für die Aktion länger im
Knast; alles lange her ... Aber wenn selbst »Geo Epoche« die alte Geschichte epochal genug findet, nutzen
seine Einwände wenig.

»Die DDR«, heißt das Heft, in dem westdeutsche
DDR-Experten den »Alltag im Arbeiter-und-Bau-
ern-Staat« beschreiben. Am Rand geht es aber auch
um den weniger alltäglichen Widerstand einer Minderheit, die am 15. Januar 1989 – lange vor den großen Massendemonstrationen – viele Leipziger ermu-
tigte: Eine Art Initialzündung für den Herbst oder
wie Westsender damals berichten – »die größte An-

ti-SED-Demonstration seit dem Volksaufstand 1953«. Mit Wachsmatrizen haben ein paar junge Leute vorher mehr als 10 000 Flugblätter gedruckt. Allein diese Auflage ist ein kleines Wunder: Jede Wachsvorlage reicht gerade für etwa hundert Blatt. Papier ist knapp, alles illegal und hochkonspirativ. Nachts schwärmen sie aus und stopfen die Demoaufrufe in Leipziger Briefkästen. Rund 5000 sind verteilt, als die Stasi zuschlägt. Ein Spitzel hat die Namen nach Berlin gemeldet.

Bis auf Fred sitzen am nächsten Morgen alle Verschwörer im Knast. Aus Vorsicht oder anderen Gründen mit weiblichen Vornamen schläft er selten zu Hause. Er ist überhaupt das staatsfeindlichste Subjekt, das ich damals kenne: Betreibt eine illegale Bar, prügelt sich mit FDJ-Ordnern, geht keiner geregelten Beschäftigung nach – alles Grund genug, in der DDR wegen »asozialer Lebensweise« eingesperrt zu werden. Weil er nicht studieren darf und für die Totalverweigerung der Armee auch nicht in den Knast will, hat er einen Ausreiseantrag laufen. Es ist ein zwiespältiger Ausweg, denn eigentlich will er nicht mehr unbedingt weg. Zwar ahnt noch niemand, wie schnell so ein System zusammenbrechen kann, wenn sich viele ein Herz nehmen. Aber immer mehr Leute spüren auch, dass etwas möglich ist. Dass man etwas tun kann. Muss. Ihre Flugblätter damals – und das ist die eigentliche Ironie der Geschichte – könnte man 2014 noch genauso formulieren: »Initiative zur demokratischen Erneuerung unserer Gesellschaft«, nennen sie sich und finden es »an der Zeit, mutig und offen zu sagen: Schluss mit der lähmenden Teilnahmslosigkeit und Gleichgültigkeit!«

Wie die NSA heute in E-Mail-Postfächern fischen Stasi-Leute im Januar 1989 mit Pinzetten aus Briefkästen, was sie noch kriegen können. In Wien – mehr Kalkül als Zufall – tagt gerade die KSZE-Folgekonferenz. Die Abschlussvereinbarung verpflichtet alle Unterzeichner auf die in sechzehn Jahren ausgehandelten Menschen- und Bürgerrechte, darunter auch die DDR. Über Dissidenten aus Polen und der Tschechoslowakei hat man bis Wien von den Leipziger Verhaftungen gehört. Bundesaußenminister Genscher und sein US-Kollege George P. Shultz protestieren in Reden. Der Deutschlandfunk berichtet. Und so versammeln sich am 15. Januar auf dem Leipziger Markt doch noch mehrere hundert Leute. Die Erinnerungen schwanken zwischen 500 und 800 – jedenfalls eine unglaubliche Menge für die immer noch bleierne Zeit.

Gegen 16 Uhr steigt Fred auf die Brüstung des Untergrundmessehauses. Er ist dreiundzwanzig Jahre alt und – wie »Geo Epoche« schreibt – »bis vor kurzem Sänger einer Anarcho-Band«. Und so findet, wenn auch spät, sogar meine musikalische Karriere noch etwas überregionale Aufmerksamkeit.

Die Band kam damals leider nicht über drei Akkorde und ein paar Auftritte hinaus. Das lag nicht nur an meiner tschechischen E-Gitarre. Selbst in den relativ geschützten Räumen, in Kirchenkellern, besetzten Häusern und zwischen lauter bunten Außenseitern war mir nie ganz wohl, was Fred diesmal wieder für Texte singen oder subversive Reden schwingen würde. Er muss irre sein, dachte ich damals, so ohne Furcht und Kompromisse. Aber dass es solche Leute in dem kleinen Angstland überhaupt gab, machte auch wieder vielen anderen Mut. Bei mir reichte es trotzdem noch nicht ganz – und so endete unsere Punkrock-Karriere jäh mit meiner Einberufung zum Grundwehrdienst.

Fred dagegen tauchte noch tiefer in den Untergrund ab. »Gruppen« nennt die Geschichtsschreibung diese eher losen Freundeskreise heute. In Wahrheit wissen damals die meisten fast nichts voneinander, das schützt alle ein wenig – bis Fred diese ungeheuerliche Rede auf dem Leipziger Markt hält: Man wolle mit einem Schweigemarsch an den Todestag von Rosa Luxemburg und Karl Liebknecht erinnern, ruft er ohne Megafon in die Menge, aber vorher über die »erneuten staatlichen Eingriffe in die Freiheit der Persönlichkeit« reden. Und dann ist da noch ein Halbsatz überliefert, der heute – etwa im »Gefahrengebiet« des Polizeistadtstaates Hamburg – genauso aktuell wäre, nämlich »dass zurzeit grundlegende Artikel der Verfassung außer Kraft gesetzt sind«. Aber vermutlich würde eine unangemeldete Demonstration in Hamburg nicht mal halb so weit kommen wie der Schweigemarsch damals in Leipzig.

In Reihen untergehakt, wie sie das von Demos aus dem Westfernsehen kennen, marschieren die Mutigsten durch die Petersstraße bis fast an den Wilhelm-Leuschner-Platz, der heute den Beinamen »Platz der

Friedlichen Revolution« trägt. Erst dort gelingt es verblüfften Volkspolizisten, den Zug zu stoppen. Dreiundfünfzig Leute werden festgenommen. Durch die Verwechslung mit einem Freund, den die Stasi für den Redner hält, kommt Fred sogar noch einmal kurz frei, bis sie ihn am nächsten Tag von der Geburtstagskaffeetafel seiner Schwester holen.

In der Untersuchungshaft lernt er Glasbausteine hassen und muss wie die anderen Rädelsführer mit mehren Jahren Knast rechnen. Doch schon knapp zehn Tage später werden plötzlich alle Ermittlungsverfahren eingestellt. Erich Honecker persönlich soll das angeordnet haben, wohl auf Druck des neuen schwedischen Ministerpräsidenten Ingvar Carlsson. Auch Fred wird entlassen. Erst aus dem Knast, wenige Wochen später aus der Staatsbürgerschaft. Solche Unruhestifter kann keiner gebrauchen, zumal zur Frühjahrsmesse neue Proteste drohen – und folgen. Andere machen weiter. Fred hilft von West-Berlin aus bei der Organisation von geschmuggelten O-Tönen aus dem Widerstandsnest Leipzig.

Niemand rechnet damit, dass man sich schon ein dreiviertel Jahr später wiedersieht. Vielleicht mal bei umständlichen Treffen in Prag, aber sicher nicht in Kreuzberg mit irgendwelchen Ost-Berliner Mädchen im Arm – und ausgerechnet in einer Kneipe namens »Der Osten«.

Fred blieb in Berlin, zog später nach Köln, lebte zuletzt ein paar Monate in Brasilien und hat als Fernsehreporter da weitergemacht, wo die angeblich freiere

Welt oft endet: mit Filmen über Doping im Westen, Polizeigewalt oder die Mauern in USA, Irland und Palästina. In diesen Tagen nun – genau fünfundzwanzig Jahre nach seiner Rede – zieht er zurück nach Leipzig. Ich solle schon mal Gitarre üben, droht er – statt immer die alten Zeiten zu verwursten!

Allerdings werde ich das Gefühl nicht los, dass auch die neuen Zeiten solche unbequemen Leute ganz gut gebrauchen können. Die neuen Schergen seiner alten Heimatstadt haben Fred jedenfalls erst mal mit einem Verkehrsblitz empfangen. Die neue City-Tunnel-Haltestelle am »Platz der Friedlichen Revolution« besteht aus lauter Glasbausteinen – keine 200 Meter von den alten U-Haft-Zellen entfernt. Aber sind wir deshalb freier? Wird alles gedruckt? Niemand mehr bespitzelt? Habe ich selbst heute mehr Mut – oder nur ein größeres Maul?

Besser wäre vielleicht, Fred macht es noch einmal für uns: Springt auf die Brüstung am Markt und sagt, »dass zurzeit grundlegende Artikel der Verfassung außer Kraft gesetzt sind«. Schluss mit der lähmenden Gleichgültigkeit!

> *»Wir leben jetzt in einer Demokratie,*
> *da halte ich lieber meinen Mund.«*
> Uwe Steimle

SCHWEIGEN IST
SCHWARZ-ROT-GOLD

Die Fälle Snowden und Lanz zeigen auch, wie viel Wahr-
heit die westliche Schreihalsgesellschaft erträgt. Wenn es
drauf ankommt – nicht viel. Ein Schweigegelübde

Das mit der Presse- und Meinungsfreiheit habe ich bis
1989 auch völlig überbewertet. Nach zweiundzwanzig
Jahren ohne und etwa ebenso lange in Fron und Brot
der westdeutschen Meinungsindustrie kann ich das
ganz gut beurteilen. Wer nicht gerade die Haarfarbe
von Bundeskanzlern oder die freiheitlich-demokrati-
schen Geheimdienste infrage stellt, ertrinkt in Pluralis-
mus. Aufwand und Ergebnis stehen in keinem Verhältnis: Am Ende interessiert selbst der sogenannte
NSA-Skandal keine Sau mehr – und Dissidenten wie
Edward Snowden müssen für immer in freieren Län-
dern wie Russland Schutz suchen.

Das naive Entsetzen über seine Enthüllungen ver-
stummte schnell. Geheuchelte Empörung (»Das geht

gar nicht«) wich betretenem Schweigen, auf das amerikanische »Nope« zu einem »No-Spy-Abkommen« kommt aus Berlin nur noch ein zerknirschtes »Na gut«. Lediglich ein paar DDR-Bürgerrechtler appellieren noch »an die mündigen Bürger«, Demokratie durch »servile Politik« nicht zu einer »Farce« werden zu lassen. Aber vielleicht ist das auch schon zu spät – oder zu gefährlich? Wenn lupenreine Demokraten wie der alte KGB-Agent Putin dem Westen vorführen, was Freiheit wert ist, kann sie nicht allzu viel wert sein. Auf der anderen Seite: Wie verzweifelt muss dieser Snowden sein, dass er ernsthaft an politisches Asyl in Deutschland dachte? Westler bleibt eben Westler: Vor lauter Glauben an die Freiheit erkennen sie deren natürliche Grenzen im Alltag nicht mehr.

In Süddeutschland brauchen Rentner nur einen Leserbrief zu schreiben – schon lässt die CSU Zeitungsredaktionen durchsuchen. In Niedersachsen werden die Daten von Journalisten offenbar routinemäßig gespeichert. Und wenn Marietta Slomka im ZDF aufgeblasene Wahllügner fragt, wieso Parteimitglieder plötzlich mehr Einfluss haben als die parteilose Mehrheit, gibt es prompt von den Blockflöten der CSU aufs Dach. Gesinnungsfragen, Staatsfernsehen, Dissidenten auf der Flucht – woran erinnert das nur?

Ihren Übermut fand Frau Slomka wahrscheinlich, nachdem sie vor ein paar Wochen über die Inflation der Meinungsfreiheit »im saturierten Westdeutschland« nachgedacht hatte. Damals beklagte die Moderatorin in einem Interview noch, dass sie – anders als

Menschen in der DDR oder etwa »Joachim Gauck mit seinem Dissidenten-Image« (das zumindest durchschauen sie inzwischen!) – nie Gelegenheit hatte, auch mal den Rücken gerade zu machen: »Habe ich etwas riskiert, wenn ich meine Meinung gesagt habe? Musste ich Angst davor haben? Nein.«

Demnach sprechen Westdeutsche nur deshalb so selten die Wahrheit aus, weil sie damit zu wenig riskieren: Ohne Thrill keine eigene Meinung – das sind offensichtlich die Nachteile der gefühlten Freiheit. »Als Ersatz«, meint die Leipziger Satirikerin Ulrike Gastmann, »haben sie eben Bungee-Jumping und das Dschungelcamp erfunden.«

Das ist natürlich nur die halbe Wahrheit – zumindest hätten Frau Slomka und Herr Snowden wissen können, dass die ganze auch im wilden Westen ein schnelles Pferd braucht. Unsereins musste das nach dem kurzen und – man kann sagen – nicht unangenehmen aufrechten Gang 1990 erst wieder lernen: So teilt einem die Stasiunterlagenbehörde heute zwar ohne Zögern mit, wer IM Notar war – aber schreiben darf man es nicht. Ein Bundespräsident kann zwar sagen, dass es der Bundeswehr im Ausland auch um wirtschaftliche Interessen geht – aber danach nicht mehr Präsident sein. Unter dem durchsichtigen Deckmantel der Satire kann ich sogar jedem Idioten »Schnauze Wessi« an den Kopf knallen – meinen Vorgesetzten aber nicht mal sinngemäß. Selbst wenn es die Wahrheit ist – ich meine: wäre.

Ich könnte schon, klar. Vielleicht wären die Konsequenzen sogar überschaubarer als zu notariellen Stasi-Zeiten. Dennoch schränken mich gewisse Abhängigkeiten gegenüber Banken und hungrigen Kindern ein. Der Maulkorb ist das Weihnachtsgeld, der Überziehungskredit die lange Leine: Reden ist Silber, Schweigen ist Schwarz-Rot-Gold. Jeder muss auch heute zusehen, wie viel Meinung er sich leisten kann.

Vergangene Woche dachte ich zum Beispiel kurz daran, den Talkshow-Gentlemen Markus Lanz und Uli Jörges ein eigenes »Schnauze Wessi« zu widmen. Aber dann fiel mir zum Glück noch rechtzeitig auf, dass Lanz Italiener und Jörges mein Chef ist. Seine Eltern haben ihn zudem als Kind in den Westen verschleppt. Dort hat er das Lautsprechen verinnerlicht und vermutlich auch, dass die Wahrheit die Wahrheit der Wahrheit bleibe. Auch deshalb begnügte ich mich im stillen Protest damit, Sahra Wagenknecht künftig auf Twitter zu folgen – eine Idee, auf die ich zu DDR-Zeiten nie gekommen wäre. Und ich kann nur hoffen, dass dies keine arbeitsrechtlichen Konsequenzen hat.

Bei Twitter scheint ohnehin Vorsicht geboten. Zwar wünschen sich die Medienkonzerne »content« aus allen Rohren, aber seltsamerweise twittern viele Kollegen, wie sie in ihren Profilen betonen, »hier nur/ meist/überwiegend privat«. Heißt das, Journalisten haben beruflich eine andere Meinung? Ist es am Ende gemeingefährlich, sich mit einer Meinung gemein zu machen? Ist das die Meinungsfreiheitsfalle, in die selbst erfahrene Meinungsfreischärler wie Günter Grass immer wieder tappen?

Nur weil er selbst jeden Scheiß mitgemacht hat, empören sich alle, wenn der Nobelpreisträger eine FDJ-Funktionärin eine »FDJ-Funktionärin« nennt. Die Grünen trauen sich plötzlich nicht mehr, für die Menschenrechte von Pädophilen einzutreten. CSU-Leute dürfen deren Menschenrechts-Sprecher nicht mehr »Vorsitzender der Pädophilen-AG« nennen. Die eifrigen Pressekammern in Hamburg und Westberlin verbieten inzwischen sogar regelmäßig Behauptungen, die gar nicht aufgestellt wurden. Es reicht schon, »wenn beim unbefangenen Durchschnitts-Leser« – so die Umschreibung für den typischen Medienkonsumenten West – ein entsprechender Eindruck entsteht.

So verschwimmen die Grenzen. Tatsache und Meinung. Und falls jetzt der Eindruck entstanden sein sollte, in diesem in jeder Beziehung meinungsfreien Land herrsche so etwas wie Zensur, dann distanziere ich mich ebenso grundsätzlich wie grundgesetzlich davon. Am besten mit dem unverdächtigen Zitat eines Westdeutschen: »Die Zensur«, bonmotete Ulrich Erckenbrecht 1991, »findet heute durch die Medien statt.«

> *»Je dümmer der Mensch, desto mehr Wohlgefallen
> hat er an sich selbst.«*
> Johann Nepomuk Nestroy

WIE MAN SICH COUSINEN
RAUSPICKT

*Ostdeutschland ist seit Jahren nicht nur ein guter Absatz-
markt und Deponie für drittklassige Beamte. Er dient dem
Westen auch nach wie vor zur Selbstbestätigung. Ein guter
Zweck*

Zum Glück gibt es Neonazis, zum Glück in Thüringen auch immer ein paar mehr. Und doch – so behauptet zumindest Rebecca Pates von der Uni Leipzig – beruht »der vielfach berichtete Befund einer
höheren Fremdenfeindlichkeit auf einem erhebungs-
technischen Fehler«.

Wie fast alle Lehrstuhlinhaber im Osten ist die Po-
litikwissenschaftlerin natürlich im Westen aufgewachsen. Das verrät schon der Titel des von ihr her-
ausgegebenen Buches: »Der Ossi. Mikropolitische
Studien über einen symbolischen Ausländer.« Und
doch – selbst wenn sie damit nur auf ein paar Schlagzeilen aus war – muss man wohl unterstellen, dass sie

es gut meinte. Die gängigen Vorurteile gegenüber Ostdeutschen erfüllen laut Pates jedenfalls eine wichtige Funktion: »Die Externalisierung (und Lokalisierung) der Fremdenfeindlichkeit und der Spezifizierung eines intrinsisch problematischen Deutschen.« In barrierefreiem Deutsch: Der »Ossi« dient Gesamtdeutschland seit fünfundzwanzig Jahren als Prügelknabe und Sündenbock. Er ist der Problembär, auf den man alles schieben kann.

Dafür gibt es unzählige Beispiele: Fehlt in Dortmund Geld, weil man vor 1989 zu viele Kredite aufgenommen hat, machen westdeutsche Lokalpolitiker wider besseres Wissen den Solidarpakt verantwortlich. Man schickt – Gipfel der Niedertracht – einen ostdeutschen Pfarrer vor, damit er als Bundespräsident Auslandseinsätze absegnet. Und wenn – wie kürzlich in Buchenwald – Neonazis Hitler grüßen, passt das auch ins gewohnte, aus westdeutscher Sicht beinahe beruhigende Bild: Kennt man ja, typisch Osten. Nur wer die Meldungen zu Ende liest, erfährt auch noch die Herkunft der geschmacklosen Krawall-Touristen – in diesem Fall Baden-Württemberg und Rheinland-Pfalz. Aber da klebt die Scheiße schon wieder an Thüringen.

Im Grunde ist das auch in Ordnung. Der Westen brauchte über die Jahrhunderte meistens ein Feindbild, und die entgegengesetzte Himmelsrichtung ist da nur logisch. Mal waren es die Hunnen, gerade sind es mal wieder die Russen; auch Türken, Juden oder alle anderen nahen Ossis an der empfindlichen Grenze zwischen Orient und Okzident waren immer als Bedrohung gut. Inzwischen nimmt der deutsche Osten diese Aufgaben ebenfalls ernst: Seit 1990 war er nicht nur dringend benötigter Absatzmarkt für die westdeutsche Überproduktion, Deponie für überflüssige Beamte, Steuerabschreibungsmodell und ein Art Puff für billige Arbeitskräfte – alles besser als nichts. Warum also nicht auch noch das braune Gespenst für alle spielen, damit sich Westdeutschland weiter einbilden kann, dort gebe es so etwas nicht? Es wäre nur schön, wenn diese innerdeutsche Funktion endlich auch mal gewürdigt würde!

Die bedingungslose Kapitulation einer guten Idee reichte dem Westen nicht. Das »Leben der Anderen«, ihre Mangelwirtschaft, das Spitzelsystem und alles, was man noch so darüber hörte und las, stabilisierte das westdeutsche Selbstbild auch in den Jahren danach: Hatte man also doch nicht alles falsch gemacht, trotz Contergan-Skandal, obszönen Reichtums und ein paar Obdachloser. Etwas Schwund ist immer. Was für ein Glück außerdem, nach dem gemeinsam begonnenen Krieg von den richtigen Siegermächten besetzt worden zu sein, samt Kaugummi und Marshall-Plan. Jetzt mussten nur noch die andern begreifen, wie man trotzdem so tut, als nähme man sein Schicksal in die eigenen Hände – richtig arbeiten lernen und so weiter. Wie schwer sich diese Ostler anfangs damit taten und trotzig auf ihrer Eigenartigkeit beharrten, waren nur weitere Belege für ihr falsches Leben davor. Einfach unverbesserlich!

So schlug die Enttäuschung des Ostens über den Westen in Enttäuschung des Westens über den Osten um: Wieso konnten sich diese seltsamen Menschen nicht einfach ein Beispiel an ihren erfolgreichen Landsleuten nehmen? Am Vorbild konnte es naturgemäß nicht liegen, sonst hätte man ja das eigene System infrage stellen müssen. Und so ersparten die Fehlzünder aus Dresden und Torgelow, wie es der Soziologe Thomas Ahbe in seinem Aufsatz »Die Konstruktion der Ostdeutschen« beschreibt, den Westdeutschen auch noch jede kritische Reflexion über ihr eigenes Leben und die Schablonen, in denen sie denken.

Mit Leuten, die erst Westler werden, aber dann doch keine sein wollten, konnte etwas nicht stimmen. Ihre scheinbaren Defizite, die seltsamen Prägungen und ihr oft putziges Verhalten dienen seitdem als Zement für das positive Selbstbild des Westens: »Den Ostdeutschen«, so Ahbe, »werden jene Eigenschaften zugeschrieben, welche die Westdeutschen – wenn man ihrem Eigenbild folgt – erfolgreich abgelegt haben, nämlich Autoritarismus und gefügige Verantwortungslosigkeit, Rassismus, Fremdenfeindlichkeit und Indifferenz gegenüber Nationalsozialismus.«

Diese Projektionsfläche für verdrängte Schwächen sind wir gern, zur Not auch Rabeneltern – wenn es dem Westen hilft, weiter daran zu glauben, dass die Frau besser zu Hause bleibt, statt Kinder in Kinderkrippen zu Nazis drillen zu lassen. Dass man alles schaffen kann, wenn man nur arbeiten will ... Bitte! Wir sind das beste Beispiel für alles, was bei euch schief läuft. Wir dienen der deutsch-deutschen Distinktion. Und trinken sogar Milch aus Köln, wenn nur »Mark Brandenburg« draufsteht.

Wir beschweren uns nicht mal darüber. Es war die »Märkische Allgemeine Zeitung«, die diesen »Etikettenschwindel« anprangerte. Und die – das nur der Vollständigkeit halber – gehört zur Verlagsgruppe Madsack in Hannover.

Schickt also ruhig weiter alles rüber, eure Milch, eure Nazi-Komplexe, eure Zeitungen! Wir nehmen sogar Wirtschaftsflüchtlinge, die im Westen keine billigen Arbeitskräfte mehr finden.

Vor einiger Zeit stand in der »Frankfurter Allgemeinen Zeitung« eine zukunftsweisende Anzeige: Unter der Überschrift »Niedriglohn-Standort Deutschland« bot der neue Besitzer einer alten Baumwollspinnerei im sächsischen Mittweida neben 12 000 Quadratmetern Betriebsfläche auch »fleißige, engagierte deutsche Mitarbeiterinnen« an, die für 800 Euro brutto im Monat 40 Stunden die Woche arbeiten, »ohne Weihnachts- und Urlaubsgeld« – wie er versprach. Und: »Die wollen wirklich!«

Das ließ sich Hellmut K. aus Hannover nicht zweimal sagen, schloss seine Firma dort und ließ seine Gardinen fortan von Frauen zuschneiden, die trotz Vollzeitjob zusätzliche Hilfe vom Amt brauchten. »Was ist daran verwerflich, nicht nach Tschechien zu gehen?!«, fragte mich K. in einem Interview zurück und flog jedes Wochenende nach Hause, denn »der Freizeitwert von Mittweida ist dann doch nicht so toll«.

Als Gerhard Schröder mit der Agenda 2010 den Boden für solche Auswüchse bereitete, bemühte er für seine Ostpolitik neben Putin gern seine ostdeutschen Halb-Cousinen. Die beiden lustigen Frauen aus Eisenach waren im Wahlkampf zur Stelle, die dritte – eine hauptamtliche Stasi-Dolmetscherin – durfte ihn nur mal heimlich im Kanzleramt besuchen.

Grundsätzlich müssen also selbst Verwandte im Osten nicht mehr peinlich sein. Vor allem Cousinen aus Thüringen – so steht es offenbar in der PR-Bibel der wiedervereinten Sozialdemokratie – kommen immer gut an. Sie sind besser als Brüder und Schwestern. Nicht zu nah, aber Blut ist trotzdem dicker als Hochwasser. Und so entdeckte auch Peer Steinbrück, bevor ihm im letzten Wahlkampf alle Felle davonschwammen, den Osten. Er sei als Diplomat gewissermaßen selbst »Bürger in der DDR« gewesen, verriet er in einem schleimigen Interview mit der »Zeit«, lobte das »positive Erbe der DDR« und berief sich schließlich ebenfalls auf Thüringer Verwandtschaft – sogar eine »Cousine ersten Grades«.

Der Kanzlerkandidat konnte damit einen Fehler ausbügeln, nachdem er seiner Konkurrentin eine gewisse DDR-biografisch bedingte Visionslosigkeit vorgeworfen hatte. In Bezug auf Frau Merkel hatte er vielleicht sogar Recht, aber weil das nicht überall gefeiert wurde, räumte er außerdem ein, »dass wir alle nach 1989 sehr viel mehr Verständnis hätten aufbringen müssen«. Zum Beispiel auch für ehemalige SED-Mitglieder: »Das geschah oft mit derselben

Selbstverständlichkeit, mit der man in Bayern in die CSU eintrat oder im Ruhrgebiet in die SPD.«

Schwer zu glauben, dass es im Westen solche Opportunisten gab! Aber so diente die DDR sogar noch mal nachträglich der Relativierung ähnlicher Zustände im Westen. Dann kam bei Steinbrücks Familienaufstellung auch noch heraus, dass die Stasi stets mit am Kaffeetisch saß, wie der Mann seiner Cousine einräumte. Und alles war wieder gut. Osten eben.

»Schlage zuerst, bevor die anderen dich schlagen.«
Rasputin
*»Wo man nicht zusammenkommen kann, bekommt man den
Knüppel auf die Rübe.«*
Putin

PORNO-DOPING
GEGEN PUTIN

*Hitzlsperger hin, Menschenrechte her – »dabei sein« zähl-
te in Sotschi wieder mal mehr als 1980 in Moskau. Ist der
Westen schon zu schwul für einen Boykott? Eine Bilanz*

Trotz aller Erfolge der ostdeutschen Sportmedizin
muss man heute einräumen, dass die Dopingforschung
der BRD etwas weitsichtiger war. Während in Leipzig
noch ohne Rücksicht auf Geschlecht oder Gesundheit
Rudermuskeln und Damenbärte gezüchtet wurden, in-
teressierte sich der Westen schon für das Sexualleben
seiner Anabolika-Sportler. Dieser viel zu wenig beach-
tete Aspekt der überhaupt viel zu wenig beachteten Debatte um Doping in der alten BRD fand sogar in dem
804-Seiten-Bericht der Humboldt-Universität Erwäh-
nung, der vor einem halben Jahr viel zu wenig Beach-
tung fand, weil sonst immer nur DDR-Doping Beach-
tung findet. Er wird dort kurz die »Porno-Studie«

genannt. Im Auftrag aus Bonn sollten Mediziner 1973 untersuchen, wie anabole Steroide »die sexuelle Reaktionsbereitschaft männlicher Sportler« beeinflussen. Der westdeutsche Steuerzahler stellte dafür ungefragt 24 000 DM bereit und die Testpersonen bekamen »standardisierte Reize – Sexuelle Filmszenen« vorgeführt. Über einen »Phallographen« – kein Quatsch, sondern die offizielle Versuchsanordnung – wurde dabei die Penisreaktion mit einem Langsamschreiber aufgezeichnet. Allein 500 Mark kostete die »Beschaffung von Filmen«, die man beim Landeskriminalamt Düsseldorf lieh, denn Pornos waren damals auch im Westen noch offiziell verboten.

Leider wurde die Studie nie veröffentlicht. Unter anderem »mangelndes Entgegenkommen« der Trainer sorgte für »eine gewisse Verfälschung« der Ergebnisse, wie die Dopingforscher 2013 aus Papieren ihrer Kollegen zitierten: »Ferner hat sich der Phallograph als sehr störanfällig erwiesen.« Immerhin aber wurde auch die Aufarbeitung mit dem langen Titel »Doping in Deutschland von 1950 bis heute aus historisch-soziologischer Sicht im Kontext ethischer Legitimation« vom Bundesinstitut für Sportwissenschaft und damit von Steuern finanziert. Beide Studien verbindet außerdem, dass sie keinerlei Auswirkungen auf irgendeine Ethik im Sport hatten. Und damit ist auch schon der Bogen zur erregten Diskussion um die Olympischen Spiele in Sotschi und die sexuelle Revolution im Profi-Fußball gespannt. Er lautet: Nichts. Null. Keine Konsequenzen.

Niemand hat ernsthaft Interesse daran, den kapitalisierten Leistungssport zu stören.

Die Spiele gehören zum Brot wie das Opium zum Volk. Wie Coca Cola zu Olympia seit 1936. Wie der halbherzige Kampf gegen Doping und ein paar servile Fragen nach Menschenrechten an den Austragungsorten: ob Peking, die Fußball-EM in der Ukraine oder Sotschi – etwas Boykott-Gemurmel ist vorher stets geboten. Und wenn es nur um das menschenunwürdige Leben der Straßenhunde geht. Am Ende heißt es immer: Sport und Politik müsse man trennen; zwei Wochen Öffentlichkeit seien auch eine Chance für die Unterdrückten vor Ort; immerhin hat man mal darüber gesprochen ... Für mehr oder gar einen echten Boykott ist der globale Westen seit 1980 viel zu schwul.

Ich weiß schon: Seit sich alle an den harten Schuss von Thomas Hitzlsperger erinnern, taugt dieses Adjektiv nicht mehr als schräges Synonym für weich, tuntig oder was immer ewig gestrige Jugendliche und Rapper damit meinen. Ehrlich gesagt habe ich es auch nur noch mal benutzt, damit der Vorspann knallt und katholische Shitstorm-Bettler wie Matthias Matussek den empörten Twitter-Traffic nicht ganz allein abräumen.

Bis auf ein paar ängstliche Seifenbücker aus Westdeutschland traut sich in diesen Tagen ja kaum noch jemand, allein duschen zu gehen. Dabei ist dort auch die Angst, als »homophob« zu gelten, ein tief empfundenes Männergefühl! Während die einen bewundert werden, wenn sie offen über all das reden, stehen andere ehemalige Nationalhelden sofort als Vollpfosten da – geächtete wie schwule Männer in Russland, die nicht mal Blut spenden dürfen. Ach nein: Jetzt bin ich auch schon durcheinander. Es ist genau umgekehrt: In Russland dürfen sie es, in Deutschland generell nicht. Und weil verlogene Lippenbekenntnisse heute mindestens ebenso gut ankommen wie vor 1989 im Osten, möchte ich auch noch schnell eins ablegen: Mir persönlich ist es sogar unangenehm, mit heterosexuellen Westdeutschen zu duschen. Das mag irgendwie verklemmt sein, aber wenigstens empfinde ich dabei keinerlei diskriminierende Unterschiede, was Geschlecht oder Sexualität angeht.

Unterdessen verschweigen die West-Medien natürlich, dass die DDR-Mannschaft in Sotschi schon wieder nicht durch Doping auffiel. Im Rückblick blieben selbst bekennenden Bi-Athleten Repressalien erspart, wenn sie nicht gerade aus Bayern kamen und eine verdächtige Urinprobe abgaben. In Katar dagegen drohen 2022 nicht nur schwulen Bayern Peitschenhiebe, falls sich noch mehr Fußballer bekennen. Vermutlich aber wird das ähnlich schnell vergessen sein wie Korruption und Sklavenarbeit, wenn es nur nicht so heiß in den Stadien wird!

Hätten westdeutsche Fußballer Ärsche in ihren kurzen Hosen, wären sie – wie Michael Ballack – schon vor zwei Jahren gar nicht erst zur EM in die Ukraine gefahren. Oder hat Dr. Müller-Wohlfahrt damals wenigstens mal nach Julija Tymoschenko im

Knast geschaut? Nein. Bevor sie für den Diktator auf-
spielten, lamentierte lediglich der Hilfs-Kapitän lahm,
er fände »seine Ansichten zu demokratischen Grund-
rechten in der derzeitigen politischen Situation der
Ukraine nicht wieder«. Ausgerechnet ein Bayer musste das sagen!

Nach den guten alten Maßstäben des westlichen
Moskau-Boykotts von 1980 hätte sogar das Sommer-
märchen 2006 in Deutschland ausfallen müssen.
Denn wo ist der Unterschied zwischen einem russischen und einem deutschen Einmarsch in Afghanis-
tan? Allein die Taliban sind sich treu geblieben. Und
natürlich die etwas kleinere Sowjetunion Putins.

Wie man hört, hat der große Bruder trotz homose-
xueller Boykotthetze und Porno-Doping im Westen
wieder die meisten Medaillen gewonnen und damit
einmal mehr bewiesen, dass Gold keine Regenbogen-
farbe ist. Es geht bei Olympia nicht um Menschenrechte, Völkerverständigung oder echten Pulver-
schnee, ja, nicht mal um Sport. Was zählt, ist allein
»das offizielle Shampoo der deutschen Olympiamann-
schaft« – und dass die knapp über 150 deutschen
Sportler aus Protest nur mäßig abschnitten. Von den
vielen öffentlich-rechtlichen Journalisten, die diesen
stillen Boykott mit Millionen Fernsehsteuern unter-
stützten, gar nicht zu reden.

Wie lächerlich wirkt dagegen die ausdrücklich un-
begründete Abwesenheit von Bundespräsident Gauck.
Auch Angela Merkel hatte diese Saison vermutlich
einfach die Nase voll von Wintersport. Ich dagegen

habe mir diesen schwulenfeindlichen Mist nicht mal im Fernsehen angesehen und stehe sogar offen zu den Gründen: Ich hasse das alles – Schnee und Eis und Sport sowieso. Von mir aus kann mich Putin dafür einen warmen Bruder nennen. Hauptsache, ich muss nie mit Jens Lehmann duschen.

WENN CHRISTEN
HEIMLICH EIER HABEN

Der Osten Deutschlands gilt als weitgehend gottlose Gegend. Wieso, fragen scheinheilige Westdeutsche, dürfen die trotzdem Ostern feiern? Ein Glaubensbekenntnis

Fast immer scheiden sich die Geister der Aufklärung an ominösen Schwangerschaften, dem Leben nach dem Tod oder einem möglichst anständigen Dasein dazwischen: War Dr. Faust zum Beispiel nur ein normaler Sexist oder tatsächlich vom Teufel geritten, dass er mit Gretchen so schäbig umging? Kann man heutzutage – trotz Roland Kaisers Comeback und Pille danach – noch arglos an Auferstehung und Jungfrauengeburten glauben? Wäre es Maria oder Fausts Magarete in der DDR womöglich besser ergangen, weil man auch gefallene Mädchen in der Produktion brauchte? Auf der anderen Seite: Womit haben Ostdeutsche, die nichts als den grünen Pfeil und die legale Abtreibung mit in die Einheit brachten, das ewige Leben überhaupt verdient?

Das alles sind, liebe Brüder und Western, berechtigte Fragen, und doch wurde Ostern – ich habe es selbst erlebt – auch in der DDR Jahr für Jahr gefeiert. Wie bei euch sah man Weihnachten Leute in der Kirche, die sonst nie da waren. Karfreitag war frei – und die wichtigsten kirchlichen Feiertage keine illegalen Partys. Da könnt ihr noch so dämlich fragen, wie sich das mit dem »staatlich verordneten Atheismus« vertrug.

Natürlich war es mit Geschenken nicht so einfach wie heute bei www.ausbeuter.com oder etwa einem Eiphone als Osterei. Es gab kaum Obdachlose oder Kreuzigungen. Auch eine Herberge zwischen Ochs und Esel war schwer vermittelbar, weil sich in Interhotels und LPG-Ställen vor allem Schweine drängelten. Trotzdem konnte die fortschrittlichste DDR der Welt auf- und abgeklärt tun, wie sie wollte – gegen Oster- und Weihnachtsgefühle kam sie nicht an. Sogar ihre Nationalhymne begann mit einer Auferstehung.

Erlöser kommen und gehen und kommen wieder – das war und ist immer die gleiche Frohe Botschaft. Sie galt und gilt für betrunkene Hirten wie für nüchterne Werktätige, für Folterknechte in Golgatha oder Guantanamo, selbst für Steuerhinterzieher aus Bayern. Jesus Christus fragt nicht, ob jemand auch am dritten Sonntag nach Trinitatis im Gottesdienst war, ob er Kirchensteuer und Soli zahlt – oder seinen Ostangestellten immer noch zu wenig Lohn. Selbst Westdeutschen sind mit seinem Tod alle Sünden vergeben.

Nicht mal mein zweitbester bester Freund Ludger aus dem Münsterland ist vor dieser bedingungslosen Menschenliebe sicher.

Bis 1992 war er – wie sich das bei ihm zu Hause gehört – Katholik. Ein ziemlich scheinheiliger offenbar, denn seit er im Osten lebt, trägt er seine Verachtung für Kirche und Weihrauch wie ein Ex-Raucher vor sich her. Ludger kann sogar alle DDR-eigenen Weihnachtslieder auswendig, seit er unbedingt Ostdeutscher werden will. Und von ihm mal abgesehen, ist etwa das Lied »Tausend Sterne sind ein Dom« tatsächlich immer noch ein verlässlicher Katalysator, ob jemand »an Weihnachten« oder »an Ostern« sagt. Mich hat es trotzdem verstört, wie leichtfertig er vor Jahren aus seiner Kirche austrat und nicht mal steuerliche Gründe vorschob.

Ich glaube nämlich nach wie vor an Wunder und fast alle biblischen Geschichten. Dass ein Gott Mensch wird, kam mir schon zu DDR-Zeiten plausibler vor als umgekehrt – alle Menschen Kommunisten. Und obwohl ich nie behaupten würde, dass alle Christen in der DDR Märtyrer waren, gehörte für viele doch mehr dazu als ein paar Lippenbekenntnisse zur Firmung oder für Brot für die Welt – um nicht zu sagen: Eier.

Es gab einfachere Wege zu Abitur und Studium. So wie man es heute im Westen schwerer hat, wenn man sein Kind vor Religionsunterricht an Grundschulen bewahren will. Selbstredend waren es westdeutsche Richter am Bundesverwaltungsgericht Leipzig, die kurz vor Ostern eine entsprechende Klage ablehnten.

Eine Mutter aus Freiburg wollte den Gottesstaat Baden-Württemberg zwingen, alternativ das offenbar grundgesetzgefährdende Fach Ethik anzubieten.

Weil der Marxismus-Leninismus ähnlich fundamentale Züge trug, entwickelten DDR-Bürger schon damals eine gewisse Skepsis gegen Heilsversprechen aller Art. Was im Rückblick mit Opportunismus verwechselt wird, war in Wahrheit religiöse Zurückhaltung – oder wie es im schönsten Satz der Weihnachtsgeschichte heißt: »Maria aber behielt die Worte für sich und bewegte sie in ihrem Herzen.« Diese stille Religionsfreiheit kannte keinen Streit über Kruzifixe und Kopftücher in Klassenzimmern. Und so gehört zur ostdeutschen Glaubensfreiheit eben auch das selbstverständliche Bekenntnis zu keinerlei Bekenntnis.

Die britische Zeitung »The Guardian« verlieh »East-Germany« deshalb vor ein paar Monaten den schönen Titel »Most godless place on Earth«. Der Artikel berief sich auf eine Studie der Universität Chicago, und obwohl eine gewisse Faszination mitschwang – »a taste of future« –, kann ich das persönlich nicht bestätigen. Wahrscheinlich glaube ich sogar an den gleichen Gott wie Moslems, Juden oder Westdeutsche. Trotzdem lebe ich lieber in einer Gegend, wo Kinder eher selten zu Beschneidungen oder Oralverkehr mit Priestern gezwungen werden. Und vermutlich ist es auch kein Zufall, dass Reformationen wie vor 500 Jahren oder 1989 nicht im Iran, dem Bible Belt der USA oder in Altötting ihren Anfang fanden.

Bis 1990 hingen dennoch viele Ostdeutsche dem Aberglauben an, der Westen sei eine Art Himmel auf Erden. Heute lächeln sie mild über den kindlichen Eifer ihrer Landsleute, die mit selbstgerechtem Zorn ihren Bischöfen goldene Badewannen neiden, aber wie alle Kamele selbst Probleme mit dem Nadelöhr haben. Die immer noch an den Heiligen Markt glauben, aber den Heiligen Martin und Weihnachtsmärkte abschaffen wollen. Denn natürlich waren es Westler, die Ende letzten Jahres Martinsumzüge in »Sonne-Mond-und-Sterne-Feste« umbenennen wollten, weil das Muslime als »diskriminierend« empfinden könnten. Bis die angeblich Betroffenen irritiert zurückfragten: Sollten sie künftig auch auf Weihnachtsgeld und den freien Ostermontag verzichten?

Zur Not können sie alle ins gottlose Leipzig kommen, wo die Kinder der Bundesverwaltungsrichter ab der ersten Klasse auch Ethik statt Religion bekommen, sofern sie dürfen. Wo gerade eine neue Moschee entsteht, über die in Facebook-Gruppen zwar heftig gestritten wird. Dafür aber bauen hier Katholiken, die mit vier Prozent auch nur eine sektenähnliche Minderheit stellen, unbehelligt eine riesige Kirche – noch dazu am Martin-Luther-Ring. Gegenüber dem größten Bio-Markt von Leipzig hat gerade ein neuer »Burger-King« aufgemacht. Seit 800 Jahren gibt es erstmals einen Ausländer im Thomanerchor. Nicht zuletzt duldet Leipzig sogar einen Oberbürgermeister aus dem Sauerland, den kaum einer wollte oder wählte. Das ist Toleranz!

»Wo der Geist des Herrn ist«, schrieb Paulus an die Korinther, »da ist Freiheit«. Heute gern als Konfirmationsspruch nachgeplappert räumte der Apostel an dieser Stelle nur mit dem alten Versteckspiel von Mose auf, der sich nach Gesprächen mit Gott stets das Gesicht verhängte, um die anderen nicht mit seiner Erleuchtung zu erschrecken. Jesus und seine Offenbarung leuchtete für Paulus dagegen jedem ein. Und so ähnlich wie Altes und Neues Testament unterscheiden sich offenbar auch alte und neue Bundesländer: Die einen verstecken sich frömmelnd hinter Religionsunterricht, damit niemand vor ihrer geistlichen Notdurft erschrickt. Die anderen genieren sich nicht mal für ihre Bedenken und die Abneigung gegen heuchelnde Pharisäer. Womöglich war Jesus im Herzen sogar selbst Ostler: arm, aber großzügig. Verlacht, verraten und verleugnet. Zweifler am Ende – und trotzdem immer ein Freigeist vor dem Herrn. In diesem Sinne gilt natürlich auch Ostern, wenn nicht erst recht: Gib Westdeutschen eine Chance!

> *»Demokratie: ein bei Wahlen*
> *immer wieder auftauchender Begriff.«*
> Gerd Wollschon

STIMMVIEH MACHT
AUCH MIST

Nichtwähler pflegen in Ostdeutschland eine ehrenwerte Tradition. Von vermeintlich besseren Demokraten werden sie – wie in der DDR – dennoch verteufelt. Eine Bankrotterklärung

Vor Bundestagswahlen erinnert mich diese Republik immer besonders an die Deutsche Demokratische: Neben den vielen Plakaten, Parolen und durchsichtigen Versprechen liegt das vor allem an der allgegenwärtigen Propaganda, jetzt – also an diesem einen Sonntag, alle vier Jahre – könne man tatsächlich mal das Volk sein. Zumindest von 8 bis 18 Uhr.

Heute wie damals gilt der sogenannte »Urnengang« als »Selbstverständlichkeit«. Das klingt nicht nur nach der Beerdigung eines entfernten Bekannten, man fühlt sich von dessen Angehörigen aus Politik und Medien geradezu genötigt: Geh hin! Jede Stimme zählt! Wie unter Honeckers Scheindemokratie liegt eine hohe Wahlbeteiligung bestimmten Menschen besonders am Herzen. Es gibt aber auch ein paar feine Unterschiede.

Statt Eiskunstläuferinnen, die sich im FDJ-Hemd zu den »Kandidaten der Nationalen Front« bekennen, werben Heiner Lauterbach und andere kluge Köpfe aus Film und Fernsehen für die gute Sache der CDU. Während Wahlmuffel zu DDR-Zeiten erst am Wahltag von Genossen mit der »fliegenden Urne« belästigt wurden, klingelt die SPD schon vorher bei mutmaßlichen Nichtwählern, die sie irrtümlich für ihre Klientel hält. Und anders als in der Nationalen Front, wo die große Koalition unter Führung der SED immer feststand, tun heute wenigstens bis zur ersten Hochrechnung alle so, als wäre der Wahlausgang offen.

Weil alle anderen Tabus schon besprochen sind, dürfen Nichtwähler neuerdings sogar in Talkshows auftreten. Sie werden nicht mehr per se als Staatsfeinde verunglimpft, sondern allenfalls als gefährliche Demokratieverächter, faul und desinteressiert. Der »Spiegel« nennt sie »schamlos«, ausgerechnet die »Bild«-Zeitung tut sie als »dümmlich« ab. Aus allen Rohren feuern die Schreckschuss-Geschütze der Mediendemokratie gegen Wahlboykott, als wenn arrogante Schulmeisterei dieser Art nicht auch eine Ursache dafür wäre. Immerhin waren 18 Millionen Nichtwähler schon bei der letzten Bundestagswahl die stärkste politische Strömung im Land. Die Zahl und der Umgang mit ihnen mögen es zwar nahe legen, aber Ostler allein waren das nicht.

Für mich persönlich hat sich das Thema seit fünfzehn Jahren erledigt, als die erste rotgrüne Bundesregierung – kaum vereidigt – fremde Länder bombardierte und das Agenda-Deutschland schuf, das sie
jetzt wieder etwas gerechter machen wollen. Und
selbst wenn jemand den Wahlsonntag lieber im Gar-
ten oder auf dem Sofa verbringt, hat das mindestens
ebenso gute Gründe: Dann ist ihm das eine eben
wichtiger als das andere. Auch das ist eine bewusste
Entscheidung und nach aller Erfahrung vor und nach
1989 nicht die schlechteste, um sich gegen Bevor-
mundung durch vorgegaukelte Mündigkeit zu wehren – wenigstens aber ein Zeichen der Selbstachtung.

Leider fehlt Westdeutschen oft noch das demokratische Grundverständnis für das Wahlrecht zwischen
Wahl und Nichtwahl. Sogar meine zynischsten Kollegen klingen in diesem Zusammenhang stets wie
SED-Journalisten oder Sozialkundestreber. Entspre-
chend dürftig sind ihre Argumente.

Sie sagen nicht etwa: Wähl diese oder jene Partei,
weil diese oder jene noch für dies oder jenes steht. Sie
sagen: Egal was – Hauptsache du wählst. Nicht selten
selbst in Not, kreuzen sie an, was sie immer gewählt
haben oder ein Wahlautomat empfiehlt. »Mit Bauch-
schmerzen« zwar oder »taktisch«. Manche geben sogar zu, dass sie es nur noch tun, weil sich das angeblich so gehört. Ohne Illusionen, mehr Folklore als
Volk – es gehört für sie zum demokratischen Brauch-
tum wie die rituelle Aufregung vor Anschnitt der ers-

ten Infas-Torte am Wahlabend. Dabei ist sogar ein Bodensee-Tatort spannender als die Frage, welche Partei die nächsten vier Jahre die Interessen der Wirtschaft durchsetzt.

Sie sagen: Wer gar nicht wählt, wählt erst recht die Falschen. Und deshalb soll ich mich für das kleinere Übel verrenken? Die Cholera mit einer verhinderten Pest legitimieren? Womöglich zu einer Multiresistenz beitragen, die auch noch behauptet, sie sei der Wille des Patienten?

Sie sagen: Jeder Einzelne habe Verantwortung für die Demokratie und geben ihre gleichzeitig an Stellvertreter ab, die irgendwelche Parteien in irgendwelchen Versammlungen vorsortiert haben. Mit ihrer Zweitstimme sogar an sogenannte Listenkandidaten, die im Wahlkreis gar keiner will. Übernehmen Politiker dann doch mal Verantwortung, geben sie die beim Rücktritt meist vollmundig zurück. Nur an wen? An mich? Viel zu heikel!

Sie sagen: Dann darfst du auch nicht meckern. Dabei kann ich gerade das unbefangen tun, solange mich niemand repräsentiert. Sie fragen allen Ernstes: Willst du denn gar nicht mitbestimmen? Und weil die Frage an sich nicht so lächerlich ist, wie es scheint, antworte ich: Ehrlich gesagt, nein. Nicht mehr. Es stört mich sogar, wenn Wahlastrologen behaupten, Nichtwähler würden zunehmend Wahlen entscheiden. Dann gruseln sie sich zwar besonders vor diesem unberechenbaren Osten, aber zu mehr als einem verständnislosen Tadel reicht es nie.

Gerade ihr, sagen sie, habt euch das doch immer gewünscht! Und, ja – wie bei vielen Verlockungen des Westens habe ich anfangs auch an Veränderungen durch Wahlen geglaubt. Bei der ersten und letzten sogenannten freien Volkskammerwahl im Frühjahr 1990 beteiligten sich noch 93,4 Prozent. Es gewann die D-Mark, und viele begriffen danach, dass die wahre Macht auch im Westen nicht in Parlamenten diskutiert. Dass Stimmvieh – wie vorher – auch Mist macht. Und es mehr als eine faule Ausrede ist, wenn man besser sparsam mit dem Einfluss umgeht, den man nicht hat.

Am Ende wird es immer unsachlich und sie drohen mit den »extremen politischen Rändern«, Weimar und so weiter. Als ob Nichtwähler Hitler gewählt hätten! Bei den Reichstagswahlen 1932 und 1933 gab es Rekordwahlbeteiligungen zwischen 84 und 88 Prozent. Dagegen simulieren selbst die USA mit 50 Prozent eine Art Demokratie, die DDR bekam es nicht mal mit annähernd 100 Prozent Wahlbeteiligung hin.

Unsere repräsentative Demokratie, sagen sie schließlich voller Trotz, sei nun mal die beste Regierungsform, die man kenne. Seit Jahrhunderten hätten Menschen dafür gekämpft, kämpfen immer noch … Und vielleicht ist genau das der Punkt: Die meisten Westdeutschen kennen gar nichts anderes. Wer schon mal einen Systemwechsel miterlebt hat, vielleicht sogar die wunderbaren Wochen, als das Volk wirklich das Volk war, hat da mehr Fantasie: buntere Parlamente, zum Beispiel, statt Prozent-Hürden gegen

Konkurrenz von unten. Runde Tische ohne Fraktionszwang oder undurchsichtigen Lobby-Einfluss. Von mir aus auch jeden Sonntag zwei oder drei Volksentscheide …

Wieso darf Demokratie überhaupt immer nur sein, was das Fernsehen, fünf Parteien oder die USA dafür halten: Friss oder stirb! Wieso führen Volksvertreter Herdprämien ein und Kriege fort, obwohl das ihr Volk mehrheitlich ablehnt? Wieso traut sich keiner, auch mal direkt zu fragen, ob eine Mehrheit die Verluste von Banken übernehmen will? Gar nicht zu reden von Geldmärkten oder Geheimdiensten, die man im Namen der Mehrheit zu kontrollieren vorgibt – obwohl allen schwant, dass es umgekehrt ist.

Ähnlich ist es mit Nichtwählern: Nicht sie erklären den demokratischen Bankrott, sondern jene, die sie dafür als Ignoranten schmähen – und weiter ignorieren. Aus gesellschaftlichem Druck irgendwas zu wählen ist DDR. Ebenso – von wegen Desinteresse – die leidenschaftliche Diskussion, ob ein paar ungültig bekritzelte Zettel nicht das bessere Signal wären. Selbst wenn die Ergebnisse heute nicht mehr gefälscht werden und wie bei allen Parteien auch ein paar Faule mitzählen, sagt eine lausige Wahlbeteiligung mehr. Als zuversichtlicher Demokrat tippe ich mal auf 60 Prozent, plus/minus drei. Eher minus. Auch dabei zählt jede Stimme – wenn sie nicht abgegeben wird.

> *»If you're not careful,*
> *the newspapers will have you hating the people*
> *who are being oppressed, and loving the people*
> *who are doing the oppressing.«*
> Malcolm X

WENN JEDER AN SICH DENKT, IST AN ALLE GEDACHT

Angeblich ist der »gesellschaftliche Zusammenhalt« im Westen größer als im Osten. Wie beruhigend für alle, die dort vor allem ihr Kapital zusammenhalten. Eine Studie über eine Studie

Ein selbstzufriedenes Raunen ging durch Westdeutschland, als die Bertelsmann Stiftung eine neue Studie veröffentlichte. Demnach ist das, was man dort für »gesellschaftlichen Zusammenhalt« hält, doch größer als befürchtet. Tugenden wie »Hilfsbereitschaft« oder »Gerechtigkeitsempfinden« seien im kalten Ellbogen-Westen sogar ausgeprägter als im solidarischen Kuschel-Osten. Scheinbar waren all diese Klischees immer nur Klischees: »Ossis«, so feierten das Schlagzeilen und Kommentare knapp fünfundzwanzig Jahre nach der deutschen-deutschen Vereinheitlichung, seien in Wahrheit viel schlimmere »Wessis«.

Erst dachte ich: Komm, lass ihnen die kleine Freude, du musst nicht wie sie selbst zu jedem Mist etwas sagen. Dann aber habe ich mir das Zauberwerk mit dem offiziellen Titel »Radar gesellschaftlicher Zusammenhalt« doch noch mal näher angesehen und muss sagen: Respekt! Ich bin begeistert, ja – gerührt. Wie zu DDR-Zeiten findet man darin schlichteste Parolen der Sorte: »Je mehr Zusammenhalt, desto besser.« Ganz offen ist von »Sozialkapital« die Rede. Nicht zuletzt dient es auch dem sozialen Frieden im Land, wenn sogar Wissenschaftler »insgesamt festhalten, dass der gesellschaftliche Zusammenhalt nicht von einer abstrakten Einkommensungleichheit gefährdet ist«.

Für solche und andere Aussagen wurde zwar kein einziger Deutscher extra befragt. Um so ermutigender ist, was sie trotzdem zu sagen hatten – beziehungsweise dieser Mut, nicht gegebene Antworten auf nicht gestellte Fragen zu einer sogenannten »Sekundärdatenanalyse« zu verdichten. Man kehrte dafür einfach ein paar alte Erhebungen und Statistiken zusammen, oft mit ganz anderen Forschungszielen. Diese Daten wurden dann so lange geschüttelt und gerührt oder – wie es die Sozialforscher aus Bremen und Gütersloh nennen – »gepoolt, gemittelt und standardisiert«, bis sie einen »Gesamtindex« für ihren »Zusammenhalt« hatten.

»Dieses Vorgehen«, heißt es zu den »Messmethoden« der Studie, »setzt sich aus einer streng mathematisch-statistischen Perspektive über das Unabhängigkeitsgebot hinweg«. Die Autoren geben außerdem zu,

»dass gesellschaftlicher Zusammenhalt häufig ein äußerst vager Begriff bleibt«. Um der guten Sache willen haben sie es trotzdem mal versucht und entsprechende »Indikatoren« nach Gutdünken ausgewählt, selbstredend mit Betonung auf »gut«. Bei Lücken wurden fehlende oder zu schwache Daten »aussortiert« oder durch »andere, verfügbare« ersetzt. Zur Not ließ man »eine niedrigere Mindestanforderung« gelten, so dass in manchen Bundesländern Angaben von »zehn Personen« reichen mussten.

Die Akademie für Gesellschaftswissenschaften beim ZK der SED hätte den Zusammenhalt in der DDR kaum exakter ermitteln können. Auf ähnlichen Rechenwegen erfüllten sich damals Pläne wie von selbst über, waren 120 Prozent mit der führenden Rolle der Partei zufrieden ... Genau darauf kommt es eben manchmal an: Zusammenhalten, nicht immer alles auseinanderdividieren. Jeder nach seinen Möglichkeiten! Oder wie man heute im Westen sagt: Wenn jeder an sich denkt, ist an alle gedacht.

So dachten wohl leider auch die Mitarbeiter des Bertelsmann-Programms »Lebendige Werte« eher an Indikatoren, die Ostdeutschen aufgrund lebendiger Erfahrung der letzten fünfundzwanzig Jahre nicht besonders lagen. Für den Komplex »Belastbare soziale Beziehungen« etwa wurde »Vertrauen in Mitmenschen« und die »Akzeptanz von Diversität« – also der Umgang mit Schwulen, Ausländern oder Westdeutschen – »gemessen«. Davon abgesehen, dass Ostdeutsche selbst bei nicht geführten Telefon-Umfragen lügen, weil die potentiellen Anrufer ja von der Stasi oder der NSA sein könnten: Woher sollen sie ihr »Vertrauen in Mitmenschen« nehmen, seit sie Versicherungs- und Volksvertreter aus dem Westen kennen? In Köln mag es leicht sein, RTL oder Narren zu akzeptieren. Sie gehören ja schon immer dazu. Wie aber sollen Magdeburger den Umgang mit Diversität üben, wenn die einzigen Ausländer ihre westdeutschen Chefs sind?

»Vertrauen« war auch in »gesellschaftliche und politische Institutionen« gefragt – mit anderen Worten: um die führende Rolle des Kapitals und seiner Parteien. Es mag skurril wirken, aber 61 Prozent der Hamburger empfinden die »Verteilung der Güter in der Gesellschaft« trotzdem »als gerecht«. In Sachsen-Anhalt nur 22 Prozent – aber schließlich wurde ihr Volkseigentum ja nicht mal unter allen Westdeutschen gerecht verteilt.

Offenbar fällt es den Ureinwohnern der Kolonien traditionell schwerer, eine »positiv emotionale Verbundenheit mit dem Gemeinwesen« zu entwickeln. Das war mit der offiziellen DDR nicht anders. Allerdings wurde damals höchstens die »antiimperialistische Solidarität« an Spenden gemessen. Auf Almosen im Land – außer vielleicht ein paar Westpakete – war niemand angewiesen, weil alle gleich wenig hatten und im Zweifel Winterreifen gegen Ketchup tauschten.

Die Studie dagegen misst »Hilfsbereitschaft« vor allem an steuermindernden Mildtätigkeiten. Und das ist selbst mit zwei 400-Euro-Jobs pro Familie nicht so einfach.

Wenigstens schnitten die Ostländer bei der »Anerkennung sozialer Regeln« ganz gut ab. Aber auch kein Wunder: Wurde dieser »Teilindex« doch an Statistiken zu Diebstahl und Unterschlagung abgelesen. Insgesamt scheint sich der im Westen bei der »Gemeinwohlorientierung« eher am Wohl der Gemeinen zu orientieren. Wie anders soll man erklären, dass ausgerechnet Hamburg mit vierzehn vorsätzlichen Körperverletzungen pro 1000 Strafmündigen und Jahr – gegenüber vier in Sachsen – am Ende Bundessieger im Zusammenhalten wurde?

Diese Schlägereien müssen vornehmlich nach politischen Diskussionen in Vereinslokalen stattfinden. Denn auch das »politische Interesse« ist in Hamburg fast doppelt so hoch wie in Thüringen, was ebenso wie die Mitgliedschaft in Vereinen beim Indikator »gesellschaftliche Teilhabe« Pluspunkte brachte. In der DDR hieß das: »Arbeite mit, plane mit, regiere mit!« Arbeiten dürfen manche Ostler zwar noch – geplant und regiert wird aber auch bei ihnen von Westdeutschen. Und ja, die halten zusammen.

Natürlich könnte man den Zusammenhalt im Westen auch mit Millionen Menschen erklären, die dort seit 1990 beim moralischen Aufbau West helfen. Aber wir wollen nicht unsachlicher sein als die Studie selbst. Immerhin konstatiert sie auch: »Die Kluft zwischen Ost und West hat sich seit der Wiedervereinigung sogar noch vergrößert.« Meine Rede!

Lediglich in Berlin – laut Studie »das einzig ›gemischte‹ Ost-West-Bundesland« – sei das »Vertrauen in Institutionen« zuletzt gewachsen. Das kann am neuen Flughafen oder dem Umzug der BND-Zentrale liegen. Die Autoren der Studie vermuten allerdings, »dass dies auch mit dem Zuzug vieler Nicht-Ostdeutscher in die östlichen Bezirke Berlins zu tun hat«. So positiv habe ich das noch nie gesehen! Genauso die einleuchtende Erkenntnis: »Arm im Vergleich zum Bundesstandard zu sein, ist im Osten kein Problem.« Leider distanziert man sich ein paar Sätze weiter schon wieder von »spekulativen Interpretationen« dieser Art, weil »Kulturunterschiede zwischen Ost und West« oft nur konstatierbar, aber hinsichtlich ihrer konkreten Bedeutung nicht eindeutig seien.

Mich macht das trotzdem alles unheimlich stolz: Schließlich gehören der Bertelsmann Stiftung drei Viertel des gleichnamigen Konzerns, damit auch der Verlag, in dem der »Stern« erscheint, und mein Schreibtisch letztlich auch. Laut Wikipedia gilt die Stiftung zwar als »wirtschaftsliberale Denkfabrik« und steht ab und zu als Steuersparmodell der Eigentümerfamilien in der Kritik. Man könnte aber auch sagen: Es ist eine Art gemeinnütziger Konzern, leuchtendes Vorbild für den Zusammenhalt im Kapitalismus – beziehungsweise im Kapitalzusammenhalten.

So gesehen arbeite ich selbst ausschließlich für das Gemeinwohl, weil unsere steuerfreien Stiftungsgewinne so schöne Studien über den Zusammenhalt ermöglichen, die wiederum den gesellschaftlichen Zusammenhalt fördern. Es ist gewissermaßen ein Ehrenamt, mich über Westdeutsche und ihr solidarisches Gemeinwesen lustig zu machen. Die Studie jedenfalls – von wegen wirtschafsliberal! – fasst es so zusammen: »Der hier vorgelegte Vergleich der Bundesländer zeigt, dass ›ein paar Reiche‹ dem gesellschaftlichen Zusammenhalt nicht schaden.« Na also!

Allein der letzte Satz der Studie – auch wenn er von mir sein könnte – macht mich etwas traurig: »Die deutsche Einheit«, heißt es da, »ist im Bereich des gesellschaftlichen Zusammenhalts offenbar noch lange nicht verwirklicht.«

Deshalb fassen wir uns jetzt noch einmal alle an den Händen, bilden einen Kreis und – egal, ob der neben dir gerade die Miete erhöht oder nicht mal Mindestlohn zahlt – halten zusammen.

> *»Er wird nicht vollendet, der Kölner Dom,*
> *Obgleich die Narren in Schwaben*
> *Zu seinem Fortbau ein ganzes Schiff*
> *Voll Steine gesendet haben.«*
> Heinrich Heine
> *Deutschland. Ein Wintermärchen. Caput IV*

FÜR KOHL, 'N APPEL
UND 'N EI

Der »Vater der Einheit« wurde oft als Birne verunglimpft. In Berlin soll eine Obstschale daran erinnern. Auch in Leipzig wollten sich Westdeutsche ein Denkmal bauen. Ein Eiertanz

Wann immer ich in Halle bin, muss ich an Kohl denken. Nicht an Genscher, Händel oder das letzte Hochwasser – immer Kohl. Helmut! Helmut! Manchmal fahre ich sogar Umwege, sage Termine ab, doch das hilft auf Dauer alles nichts. Es ist wie ein Zwang, unwillkürlich, quälende Bilder ... Aber vielleicht werde ich sie ja los, wenn ich hier mal das kleine schmutzige Geheimnis verrate, das ich mit ihm und dieser Stadt teile?

Also gut: Ich war damals dabei, als die Eier flogen. Sie erinnern sich, Mai 1991 – und wie der Einheitskanzler in heiligem Zorn auf den undankbaren Pöbel losging, kaum zu bremsen von seinen Personenschützern. Hoffentlich ist es verjährt oder hat nach Besatzungsrecht keine Konsequenzen mehr – und es ist mir nach mehr als zwanzig Jahren auch wirklich unangenehm: Aber geworfen habe ich nicht mit. Allein Kohls Wut, dieses Gesicht, dieser selbstvergessene Moment der kaiserlichen Blöße wird mich immer verfolgen: Da schenkt man denen die D-Mark, Bananen, alles – und dann das!

Das Jahr 1989 und die zu Denkmälern erstarrende Erinnerung daran haben überhaupt viel mit Obst und Eiern zu tun. Seit 2009 erinnert etwa ein Bronze-Ei auf dem Leipziger Augustusplatz an die fliegenden Eier – natürlich nur indirekt, denn nie wird in Leipzig ein Denkmal für Hallenser stehen. Die Städte haben ein ähnliches Verhältnis wie Köln und Düsseldorf, HSV und St. Pauli, Ost und West. Offiziell heißt es auch nicht Ei, sondern »Freiheitsglocke« und soll immer montags, 18.35 Uhr, läuten – als Erinnerung an die Demonstrationen nach dem Friedensgebet. Eine Art Eier-Uhr also, doch schon bei der Einweihung blieb sie stumm. Es war ein Menetekel, so wie die verschlüsselte Botschaft hinter der technischen Panne: außen Gold, innen hohl. Letztlich auch dafür, was man uns – oder noch schlimmer – was wir uns selbst für ein Ei mit der Einheit gelegt haben.

Obwohl noch nichts davon zu sehen ist, hat der Volksmund das zentrale »Freiheits- und Einheitsdenkmal« in Berlin bereits in Obstschale umgetauft.

Sogar der Sprecher des Lobbyvereins heißt Apelt. Dennoch wird es nun wohl doch nicht mehr vor dem Flughafen fertig. Derzeit streiten sich verschiedene Behörden über Fledermäuse und behindertengerechte Zugänge. Und wie immer, wenn es um viel Geld und Deutungshoheit geht, lohnt sich ein Blick auf die beteiligten Menschen und ihre Herkunft.

Anfangs war der Berliner Denkmal-Wettbewerb noch für alle offen. Von den ersten Entwürfen, darunter natürlich auch riesige Bananen und Eier, fand keiner die Gnade der Jury. In der zweiten Runde entschied man sich deshalb für einen »beschränkten Wettbewerb mit Bewerbungsverfahren«. Die fünf ostdeutschen der insgesamt fünfzehn Preisrichter – das wird wie vor 1989 aber leider auch nur hinter vorgehaltener Hand kolportiert – wurden am Ende überstimmt. Es blieben drei westdeutsche Entwürfe übrig, darunter die schwankende Obstschale aus Glas und Metall. Offiziell heißt das Werk »Bürger in Bewegung« und stammt von einem Stuttgarter Architekten und einer Ausdruckstänzerin, die sich seit zwanzig Jahren in Ost-Berlin breitmacht.

Inzwischen haben sich die beiden westdeutschen Künstler zerstritten. Offenbar bereitete es auch gewisse Schwierigkeiten, passende Zitate von Bürgerrechtlern zu finden, in denen neben dem Wort Freiheit auch das Wort Einheit vorkommt. Und da ist es wieder, das Ei, das sich in den Worten FrEihEit und EinhEit glEich zwEimal versteckt. Ohne Ei gäbe es sie gar nicht – ähnlich wie REinfall oder EinerlEi. Und da hat noch nicht mal jemand gefragt, ob die Silbe von einem frEilaufende Huhn stammt oder zuerst da war. Etwa im DEitschen REich. Es ist eine EInzige Eierei.

Das »nationale EinhEits-Symbol« soll 10 Millionen Eiro kosten. Bernd Naumann, eIn Realschullehrer aus Bremen und sEinerzEit Kulturstaatsminister, war von der Obstschale glEich begEistert. EInstimmig winkte sie auch der Kulturausschuss im Bundestag durch, darunter zwEI eInstige DDR-Volkspädagogen, olle ThEIrse natürlich – VerzeEihung: Thierse – früher Mitarbeiter im Kulturministerium der DDR, außerdem die letzte AbtEilungslEiterin für Kultur der SED-BezirkslEitung Magdeburg. Der Rest wahrschEinlich »unbelastet«, wie man im eInfältigen Westen gern sagt.

Noch pEinlicher beziehungswEise bezeEichnender ist nur der Eiertanz um das sogenannte »FrEihEits- und EinhEitsdenkmal« in LEipzig. Die EInhEimischen Helden wollten EIgentlich gar kEins. Sie haben ja schon das goldene Ei und eine Säule der NikolAikirche auf dem Platz davor. WEil Bund und Sachsen aber EInmal 6,5 Millionen Euro versprochen hatten, wollte es der westdeutsche OberbürgermEister unbedingt durchziehen. Genau wie das Berliner Denkmal sollte es im Herbst, zum 25. Jahrestag der großen Leipziger Demonstrationen, fertig sein.

Nach Bürgerforen und allerlEi schEindemokratischen Firlefanz, der Transparenz und BetEiligung vorgaukeln sollte, betreute ein Architekturbüro aus Kassel den Wettbewerb. Das PrEisgericht, in dem neben dem OberbürgermEister lEider etliche Leute saßen, die den Herbst 89 nur aus dem Fernsehen kennen, favorisierte im Juli 2012 den Entwurf eines Münchner Architekturbüros, das siebzigtausend bunte Kisten zum Mitnehmen aufstellen wollte. Den zweiten Platz belegten zwei Berliner Künstler aus Köln. Den indigenen Leipzigern aber gefiel – wenn überhaupt – nur der drittplatzierte Entwurf: Ein »Herbstgarten« mit Obstbäumen, an dem immerhin eine ostdeutsche Fotografin beteiligt war.

Besonders dreiste Leipziger forderten gar einen Volksentscheid, ob es ein Denkmal dafür geben soll, dass sie vor fünfundzwanzig Jahren einmal kurz das Volk waren. Und vielleicht ist dieses geflügelte Wort überhaupt der größte Irrtum. Es hieß ja nie: »Wir sind das Volk«. Da muss man sich nur noch mal die alten Aufnahmen anhören: Die Menschen auf dem Leipziger Ring riefen: »Mir sind das Volk«. Das hat mit ihrer Indoktrinierung zu tun, mit Russisch und dem Weltfrieden. Es sind gewissermaßen faule Eier – so ähnlich wie in »kEine Gewalt« oder in »UkrEine«. Auf jeden Fall hat mit »mir« oder »wir« niemand den Westen gemeint. Oder hat etwa jemand gerufen: Wir wollen eure Billiglöhner sein, eure Mieter, Konsumenten, Bürger eines Meisters aus dem Siegerland? Baut doch bitte ein Denkmal für uns! Nein: für euch!

Um ihr Gesicht und den Eindruck zu wahren, man beuge sich nicht diesem kulturlosen Volk, forderten die westdeutschen Wettbewerbshüter »Nachbesserungen« von allen Preisträgern. Vor einem Jahr lag dann plötzlich der »Herbstgarten« vorn. Das wiederum wollten sich die Münchner Vorjahressieger nicht gefallen lassen und verwickelten die Auslober in juristische Händel. Nur noch mal zur Klarheit: Westdeutsche stritten also vor westdeutschen Richtern am Oberlandesgericht Dresden mit westdeutschen Ausrichtern des Wettbewerbs, wer für diese übermütigen Ostdeutschen von 1989 ein Denkmal bauen darf. Bevor es noch absurder wurde, haben ein paar mutmaßlich echte Leipziger Stadträte nun die Notbremse gezogen und das Denkmal-Projekt erst mal auf unbestimmte Zeit verschoben.

Der westdeutsche Oberbürger, zunächst begeistert vom Lego-Entwurf aus München, nach der undurchsichtigen Preisträger-Rochade aber auch vom »Herbstgarten« angetan – jedenfalls immer für irgendein Denkmal –, ist laut dpa auf EInmal auch »froh« über diese »Atempause«. Und tatsächlich kann man sich kein besseres »Freiheits- und Einheitsdenkmal« vorstellen als keins. Denn wofür sollte es auch stehen: Für den Tausch der Stasi gegen die NSA? Die Verwandlung von Kleinmut in Mut und wieder zurück? Von Helden in Helmut-Helmut-Rufer? Für einen Appel, ein Ei und Bananen?

So gesehen ist es nur konsequent: Keine Freiheit. Keine Einheit. Kein Denkmal.

> »Eine allen Deutschen gemeinsame Literatur gibt es nicht.
> Bei uns liest jeder nur seins.«
Kurt Tucholsky

DIE MAUER AM KIOSK

Alle haben es probiert und frustriert wieder aufgegeben: Trotz Journalisten-Im- und Export kommt die West-Presse im Osten auch nach vierundzwanzig Jahren nicht an. Ein Rätsel

Seit einiger Zeit versucht es »Die Zeit« mal wieder mit einer Extrawurst. Zunächst fanden nur sächsische Leser ein paar Artikel aus ihrer Gegend in der dicken Hamburger Wochenzeitung, und Corinna Harfouch fragte trotzig von Werbeplakaten: »Was wisst Ihr schon von unserem Leben?« Inzwischen heißen die Sonderseiten »Zeit im Osten« – vermutlich eine Anspielung auf die höhere Arbeitslosigkeit. Es gibt ein Korrespondentenbüro in Dresden, das ein westdeutscher Kollege leitet. Viel mehr über »unser Leben« erfahren die meisten »Zeit«-Leser trotzdem kaum, denn die Ost-Seiten erscheinen selbstverständlich nicht in der Hauptauflage. Das ist preiswerter, belästigt Stammkunden nicht – und zeigt schon das ganze Problem: Der nahe Osten ist und bleibt Auslandsberichterstattung, eine Art inner-Deutsche Welle. Normale Westdeutsche lesen höchstens mal ein paar gruselige Geschichten über Babys in Kühltruhen oder Nazis an Tankstellen. Die meisten Ostdeutschen aber – und das ist noch schlimmer – kaufen seit fast fünfundzwanzig Jahren keine Westzeitschriften. Sie fremdeln mit »Spiegel«, »Brigitte« oder »Bunte« – ja, sogar der »Stern« in seiner ehrlichen Vielfalt wird in den modernen Bundesländern nur einen Bruchteil seiner Auflage los. Die Mauer am Zeitungskiosk ist gleichzeitig Menetekel und eines der größten Rätsel der misslungenen Einheit – allenfalls vergleichbar mit einer eifrigen FDJ-lerin im Kanzleramt.

Es liegt nicht etwa daran, dass die Menschen im Osten nicht lesen können, wie Hamburger Verleger lange glaubten, nicht mehr nur am arroganten Blick ihrer Reporter oder den Abo-Preisen. Das alles hat man mit Sonderbeilagen und Ost-Offensiven durchprobiert. Für den verständnisvollen Ton halten sich große Redaktionen sogar je ein bis zwei ehemalige Wandzeitungsredakteure. Die sind von Geburt an qualifiziert, so zu tun, als würde man diese seltsamen Menschen ernst nehmen, aber fühlen sich selbst noch in New York – wie Spiegel-Reporter Alexander Osang – als »Ostler« in die fremde Welt geschickt: »Wie das Sandmännchen auf großer Reise.«

Mir geht es schon so, wenn ich mal nach Fulda muss oder die Redaktion plötzlich »etwas Positives« aus dem Osten wünscht. Das kommt in Wellen, hängt mit Einheitsjubiläen oder dem schlechten Gewissen zusammen, weil es sonst keinen interessiert. »Erfolgreiche Ostdeutsche« sind dann in Hamburg immer noch für eine Überraschung gut, ebenso das »Märchen vom Rotkäppchen« und anderer scheinbar einheimischer Marken, die nur durch billige Arbeitskräfte und das penetrante Ethnomarketing ihrer westdeutschen Eigentümer überlebt haben, aber das kann man ja weglassen.

Einmal durfte ich bei einer »Leser-Befragung« in Leipzig dabei sein. Es war eigentlich eher eine Nicht-Leser-Befragung, doch die Marketing-Leute hatten ein paar Ausgaben des »Stern« dabei und wollten wissen, warum das hier keinen interessiert. Das Gegenteil war der Fall – die Antworten dennoch schockierend: Wie soll man das denn jede Woche alles lesen?! So etwas hatten die Experten noch nie gehört: Durchlesen! Der selektive West-Leser, so ihre Erfahrung, ist mit zwei interessanten Artikeln zufrieden – und weg damit. Der potentielle Käufer Ost dagegen hat Stress, dass er nicht alles schafft, bevor schon die nächste Ausgabe den Briefkasten verstopft.

Inzwischen haben auch Wissenschaftler untersucht, warum man im Osten seltener in den »Spiegel« schaut. »Das Bild von den Anderen nach 1990« hieß etwa eine Studie über »Ostdeutsche in den Medien«. Natürlich stammte der Projektleiter aus Heidelberg, mit »den Medien« waren selbstverständlich überregionale aus dem Westen gemeint – die Befunde um so bezeichnender: Während Ostler bei der »tageszeitung« oft als »von der Diktatur deformierte Persönlichkeiten« dargestellt würden, tauchten sie in der »Frankfurter Allgemeinen Zeitung« gern als »unbelehrbare Nostalgiker« auf. In den meisten Fällen jedoch gar nicht. Nach anfänglicher Neugier, so das Fazit, würden Ostdeutsche gar nicht mehr erwarten, dass sie oder ihr Leben in West-Medien überhaupt oder gar halbwegs wahrhaftig vorkommen.

Die einzige Ausnahme ist ein bizarres Fachblatt für alte Schlagersänger und was der Burda-Verlag sonst noch für ostdeutschen Zeitgeist hält. Wieso aber erreicht eine Zeitschrift namens »SuperIllu«, in der »Goldene Hennen« ständig Einheits-Eier in blühende Landschaften legen, mehr Leser als alle bunten Westblätter zusammen? Wieso hat das die fast gleichnamige Zeitung »Super« aus dem gleichen Verlag nicht geschafft – trotz wunderbarer Schlagzeilen wie »Angeber-Wessi mit Bierflasche erschlagen«?

Möglicherweise liegt es daran, dass doch nicht »ganz Bernau jubelte«, wie der Artikel außerdem versprach. Später stellte sich noch heraus, dass der westdeutsche Glücksritter von einem Landsmann erschlagen worden war. Die westdeutschen Zeitungsmacher hatten auf eine Häme gesetzt, die nur ihre eigene war. In der »SuperIllu« dagegen schwärmen sie bis heute ungeniert von »unserer schönen Heimat«.

Verfällt die »Süddeutsche Zeitung« mit »Unser Osten« in einen ähnlich schwachsinnigen Duktus, fragt man sich unwillkürlich, ob das nur zynisch, anmaßend oder – noch schlimmer: beides – sogar gut gemeint ist. Unter anderem berichten dann Westdeutsche über Westdeutsche, die in Leipzig Platten auflegen, weil es da »definitiv freier ist als in München«. Eine Autorin traf nach sechzehn Jahren ihren ersten »Ossi« wieder und staunte, dass der unterernährte Typ mit den komischen Klamotten inzwischen für Tarantino arbeitet, aber nie mit einer Westfrau zusammen war. Ihr komischer Kommentar: »Komisch eigentlich.«

Wenigstens die »Titanic« bekennt sich immer noch offen zur »endgültigen Teilung Deutschlands«, vermutlich um ohne den »Eulenspiegel« wieder die auflagenstärkste Satirezeitschrift zu sein. Zunächst hatte ich sie sogar unter Verdacht, hinter einem Nachwuchs-Klugscheißer zu stecken, der neuerdings auf »Zenders Zone« erklärt, er habe »Bock auf Osten«. Laut seiner »Maxime« aber möchte er als »Westler« auch mal ein »selbstbewusstes Ostdeutschland« zeigen. Klingt wieder wie »SuperIllu« – und richtig: Dort volontiert er auch. Wir sind gewissermaßen Kollegen, nur umgekehrt: Ich versuche Westlern zu erklären, dass selbst ihr Selbstbewusstsein Selbstbetrug ist – und habe keinen Bock mehr auf sie.

Unterdessen glauben Hamburger bei der Westberliner »Morgenpost«, ihren nicht vorhandenen Ostlesern auch noch beibringen zu müssen, »wie man Wessis zur Weißglut bringt«. Offenbar sinken die Auflagen überall so dramatisch, dass sich niemand für diese erbärmlichen Ost-West-Nummern zu schade ist. Also bitte, liebe Landsleute – es geht auch um meinen Job: Klickt und verschenkt meine Kolumnen weiter und kauft ruhig auch mal wieder einen gedruckten Soli-Stern. Ihr müsst es ja nicht alles lesen.

STUDIEREN IN FERNOST?
BLOSS NICHT!

*Auch ostdeutsche Universitäten ächzen unter immer mehr
Studenten. Von einem »Braindrain« kann dennoch keine
Rede sein – denn die meisten kommen aus dem Westen.
Eine Drohung*

In Leipzig, lange berüchtigt für Leerstand bei Woh-
nungen, werden die unsanierten Bruchbuden nun
auch langsam knapp und teuer. Das hängt nicht nur
mit dem seltsamen Medienhype um das angeblich
»bessere Berlin« zusammen, mit Kultur und Bumsfal-
lera, sondern auch mit Studenten, denen hier mehr
Ellbogenfreiheit in Hörsälen vorgegaukelt wird, ent-
spanntes Lernen und Forschen, Koryphäen am Pult ...

Das Meiste davon ist gelogen und man kann Erst-
semest-Westler – selbst wenn man es grundsätzlich
nicht gut mit ihnen meint – nur vor überhasteten Ent-
scheidungen warnen: Bitte denkt nicht allein an die
angeblich billigeren Studentenbuden oder die tatsächlich hübscheren Mädchen vor Ort. Es gibt hier auch

Neonazis und raffgierige Vermieter aus dem Westen. Euch werden jede Menge Vorurteile entgegenschlagen. Die sprichwörtliche Fremdenfeindlichkeit im Osten trifft nicht nur »Neger und Fidschis«, wie man hier immer noch ungeniert sagt, sondern auch Klugscheißer, die Einheimische darüber belehren wollen, dass Vietnam nicht zu den Fidschi-Inseln zählt. Zudem wird auch in den ostdeutschen Kolonien an Bildung gespart. Und auf den meisten Lehrstühlen sitzen Professoren, die im Westen keinen bekamen.

Eine arglistige Werbekampagne verschleiert das alles. Schon ihr Name verrät, auf wessen Mist sie gewachsen ist. Hinter »Studieren in Fernost« steckt eine Werbe-Agentur aus Düsseldorf, die sonst für Cornflakes, Politiker und sich selbst PR macht. Nun lockt sie im Auftrag ostdeutscher Wissenschaftsministerien und gefördert mit Bundesmitteln naive Westler in schwer vermittelbare Studiengänge an exotischen Orten: Wie wäre es zum Beispiel mit »Angewandter Kunststofftechnik« an der renommierten Fachhochschule Schmalkalden? Oder »Bioprodukttechnologie« in Neubrandenburg? Studentenleben und Prestige von Lehranstalten wie der Hochschule für Nachhaltige Entwicklung Eberswalde (FH), so vermittelt das die Kampagne, unterscheiden sich kaum von Berlin, Yale oder Clausthal-Zellerfeld. Dafür wird neben den angeblich »niedrigen Lebenshaltungskosten« mit »moderner Ausstattung«, »hoher Lehrqualität« und – da wird es je nach Humor ironisch oder zynisch – mit »guten Karrierechancen« geködert.

Deshalb noch mal zum Mitschreiben: Wann immer euch etwas von Fachkräftemangel erzählt wird – vergesst nicht, dass es Gründe gibt, warum junge Menschen im Osten nicht mehr leben wollen! Wenn Zeitgeistmagazine zum hundertsten Mal von der hippen Stimmung auf der Leipziger Sachsenbrücke oder von den »Freiräumen« in Plagwitzer Fabriketagen schwärmen: Erkundigt euch doch auch mal nach den nächtlichen Schlägereien dort. Messerstecher, Kampfhunde, kickboxende Teenie-Mütter - wer nachmittags in asozialen Westsendern auftritt, läuft hier frei herum. Und, liebe Eltern: Schon mal von Chrystal Meth gehört, der Teufelsdroge aus dem Osten?! Es ist überall, vor der Mensa, statt Kaffee am Morgen. Angeblich hilft es auch bei Prüfungsstress. Kurzum: Ein Studium in Leipzig ist wie Sexualerziehung an der Odenwaldschule – wer sein Kind liebt, schickt es da besser nicht hin!

Bis vor kurzem bedauerte ich die Bildungsdefizite an westdeutschen Schulen und lobte die Idee der innerdeutschen Inklusion von lernbehinderten Gymnasiasten an ostdeutschen Universitäten. Das muss ich leider korrigieren, seit offen zum Missbrauch damit aufgerufen wird. »So bleiben Numerus-clausus-Opfern zwei Optionen«, empfiehlt etwa die »Süddeutsche Zeitung« frech: »Man kann die Provinz entdecken lernen oder die neuen Länder.«

Man könnte auch fragen: Warum holen sie sich den Bachelor nicht gleich bei RTL? Warum müssen sich westdeutsche Klippschüler massenhaft an ostdeutschen Universitäten quälen? Wieso gilt der »Numerus clausus« – im Gegensatz zu Schulstoff und Anforderungen an die Hochschulreife – überhaupt flächendeckend? Müsste man bei Abiturienten aus Hamburg nicht grundsätzlich zwei oder drei Zähler vor dem Komma dazu addieren?

So gucken sie zwar doof, wenn in Jena plötzlich mehr als tanzen und googeln verlangt wird. Leider aber verbietet es die europäische Gleichbehandlungspolitik, Studienbewerber wegen ihrer bildungsfernen Herkunft zu benachteiligen. Bereits 2005 scheiterte Belgien mit einer entsprechenden Klage vor dem Europäischen Gerichtshof. Damals wollte man sich per Zulassungsbeschränkung gegen den Andrang französischer Schulversager wehren. Das Niveau sinkt offenbar auch international von Ost nach West. Und weil an ostdeutschen Hochschulen – wie überall – fast nur noch ehemalige West-Abiturienten das Sagen und Lehren haben, wird es sich eines Tages auch auf deren Level einpegeln, vergleichbar etwa mit dem an einer Thüringer Grundschule.

»In Ilmenau«, so berichtet die Deutsche Universitätszeitung, »studieren schon jetzt mehr West- als Ostdeutsche.« Es sei deshalb – warum eigentlich? – die »erste echte gesamtdeutsche Universität«. Zudem wird das nicht etwa als Alarmsignal gemeldet, sondern fast wie ein Grund zum Drei-Wochen-Durchfeiern auf Chrystal.

Und wenn auch früher nicht alles besser war und ich mir diese Floskel sonst nach Kräften verbiete: So leicht war das mit einem läppischen Westabitur im Osten bis 1989 nicht.

Als Arnold Sch. – inzwischen Chefredakteur der alten »Jungen Welt« – 1967 von der Bundeswehr in die DDR desertierte, musste er seine Hochschulreife selbstverständlich noch einmal unter Beweis stellen. Obwohl sein Schulabschluss in Bremen auch Abitur hieß, war es im Osten keinen Alugroschen wert. Da half nicht mal, dass er sich sofort der Staatssicherheit als Inoffizieller Mitarbeiter zur Verfügung stellte.

Also Obacht, Leute: Die schrecken vor nichts zurück, wenn sie im Westen keine Chance haben. Auch die NSA braucht neue Spione im Osten. Und Ihr, Weststudenten: Heult doch und nennt es von mir aus Heimweh!

> »Nostalgie ist die Sehnsucht nach der guten alten Zeit, in der
> man nichts zu lachen hatte.«
> Charles Aznavour

MEINE DDR WAR BESSER
ALS DEINE

*Niemand muss ehemaligen DDR-Bürgern erklären, wie
das Leben dort war. Wenn es im Rückblick immer schöner
wird, liegt das auch an Besserwissern aus dem Westen.
Eine Erinnerung*

Ehrlich gesagt kann ich mich kaum noch erinnern:
Habe ich wirklich die halbe Kindheit auf einem Topf
gesessen und die andere Hälfte nach Obst angestanden? Oder an diese ständigen Gruppensexorgien im
Partykeller der Plattenbauten? Mittags Broiler, abends
Soljanka, jeden Sommer FKK? Manches mag man ver-
drängt haben, aber vieles ist auch schon so lange her,
dass es gar nicht mehr wahr ist.

Nicht nur um meine DDR wabert ein zunehmend
trüber Nebel aus echten Erinnerungen und eher un-
scharfen, aus Verharmlosung, Übertreibung und
nachträglicher Deutung. Wahrscheinlich haben die
Klischees vom grauen Einheitsalltag damals inzwi-

schen einen derart homogenen Zustand erreicht, von dem nicht mal die Sozialistische Einheitspartei träumen durfte.

Im kalten Krieg der Erinnerung geht es seit fünfundzwanzig Jahren um Biografien und Würde, um Besserwisserei und Vergesslichkeit. Die einen reden sich ihr kleines dreckiges Land und seine grotesken Rituale immer schöner, während sich die anderen nicht mal vorstellen können, dass es in einem Unrechtsstaat wie der DDR überhaupt so etwas wie Alltag gab. Als stünde der Beweis noch aus, wer vor 1990 im besseren Teil Deutschlands gelebt hat, reden wir aufeinander ein und aneinander vorbei, schlechte Verlierer und schlechte Sieger. Die einen treten bei jeder Gelegenheit unsouverän nach, die anderen fühlen sich sowieso betrogen. Und umso öfter ihnen vorgehalten wird, dass sich bei ihnen sogar die besten Freunde bespitzelt haben, desto trotziger antworten sie: Na und, immerhin hatten wir welche!

Für mich war die DDR dennoch – und da wird es auch schon schwierig, denn ich konnte mir das weder aussuchen noch mag ich mich dafür entschuldigen – einundzwanzig Jahre so etwas wie Heimat. Sie wurde nur vierzig Jahre alt, und seit ich selbst so alt bin, kann ich auch verstehen, dass sie bis zuletzt ihre Zukunft beschwor. Immerhin haben wir je die Hälfte unseres Lebens miteinander verbracht. Vermutlich hat mich die DDR sogar mehr geprägt als ich sie.

Es war eine Diktatur, nicht mehr und nicht weniger, etwas bequemer vielleicht, als die gesamtdeutschen davor und danach, aber anders als heute hat auch niemand ein Hehl daraus gemacht. Das Regime bestimmte ganz offen, was man zu denken, zu tun und zu lassen hatte – nicht hintenrum wie NSA und Verfassungsschutz. Es mischte sich in jedermanns Leben ein, von der Kinderkrippe bis zur Rente, versuchte Menschen und ihre Bedürfnisse zu steuern wie einen Kombinat. Von oben herab – nicht auf scheinbarer Augenhöhe, wie Werbung und Konzerne ihren Konsumenten vorgaukeln. Wir waren ihr Volkseigentum. Heute sind wir nur noch »Sozialkapital«.

Sie nahm einem die Entscheidung ab, was man studieren oder sonst aus seinem Leben machen sollte, und wenn sich einer diese Fürsorge nicht gefallen lassen wollte, konnte sie auch richtig eklig werden. Sie sperrte Leute ein, stellte sie kalt oder ließ sie einfach abknallen, wenn sie ihr weglaufen wollten. Das ist heute anders, obwohl Reisefreiheit auch im globalen Westen nicht für alle gilt. Man lässt sie zwar raus, aber nicht gern rein, sondern eher im Mittelmeer ertrinken, als den vermeintlichen Wohlstand zu teilen.

Das Schöne an Erinnerungen ist, dass sie einem eigentlich selbst gehören und niemanden etwas angehen. Man kann sie nicht teilen, höchstens tauschen. Sie sind bei jedem anders und kollektivieren sich höchstens aus Trotz. Deshalb sind Ostdeutsche auch so empfindlich, wenn Filme über das Leben der anderen ausgerechnet von den anderen gedreht werden. Wenn Westdeutsche nach Büchern wie Uwe Tellkamps »Der Turm« glauben, endlich alles über Leben und Alltag der DDR begriffen zu haben. Wieso aber braucht einer immer noch 1000 Seiten, nur um sich dafür zu rechtfertigen, dass er für sein Medizinstudium länger als nötig zur Armee gegangen ist?

So strickt jeder an seiner eigenen DDR-Legende. Meistens wird sie davon bunter oder wie bei Tellkamp auch ein bisschen mutiger. Und genau da muss man aufpassen: An eine schöne Kindheit erinnern sich auch Menschen in Nordkorea oder Niederbayern, das hat nichts zu sagen.

Natürlich war es menschenunwürdig, Ost-Hosen zu tragen. Sie taten zwar so, als wären sie Jeans, aber sahen nicht mal nach hundert Wäschen ausgewaschen aus. Aber darf man sich an so etwas erinnern, ohne die DDR oder auch nur das Desaster der Turnschuh-Versorgung zu verharmlosen?

Ähnliche Mechanismen kann man in psychiatrischen Selbsthilfegruppen oder revanchistischen Traditionsvereinen beobachten: Alle wissen, dass sie einen Dachschaden haben, aber wenigstens sind sie nicht allein damit. Sie reden über Dinge, die ein Außenstehender nie begreifen wird, aber trotzdem am Kern vorbei. Manche schämen sich sogar ein bisschen, dass sie es so lange ausgehalten haben – aber wehe, das hält ihnen ein Fremder vor.

Niemand hungerte, niemand fror, das reichte den meisten. Wie in Platons Höhlengleichnis gab sich die Mehrheit mit ihren Schatten zufrieden und hielt das Westfernsehen für Tageslicht. Reckte einer den Kopf zu weit aus der Höhle, war er schnell ein Staatsfeind.

So wie heute lieber keiner wagt, die Fernseh-Wahrheit zu hinterfragen. Aus einer diffusen Angst vor dem, was wirklich möglich wäre, aus Gewohnheit – kein Wunder jedenfalls, dass es zumindest in der DDR vor allem junge Leute waren, die ihre Schatten nicht mehr für das wahre Leben halten wollten.

Es ging dabei nicht um ausgefallene Reisewünsche wie Mallorca. Noch schlimmer als Ost-Jeans waren die zuständigen Stellen für alles und jeden, dieses vorbestimmte Leben wie auf Schienen: Kindergarten, Schule und Abitur nur mit Gehirnwaschmaschine, danach Lehre oder Studium, nicht etwa nach Eignung oder Neigung, sondern »gesellschaftlichem Bedarf«.

Im Westen nennt man das Angebot und Nachfrage. Der sogenannte Markt bestimmt auch Lebensläufe. Und weil dabei angeblich jeder seines Glückes Schmied ist, sucht niemand die Fehler im System, sondern nur bei sich. Das ist der raffinierte Unterschied. Deshalb implodiert der Westen erst in zwei oder zweiundzwanzig Jahren, wenn auch dort die Verschleißgrenze an Rückgrat und kollektivem Selbstbetrug erreicht ist. Aber wer so etwas einmal erlebt hat, gibt die Hoffnung nicht auf und sieht überall erste Zeichen dafür.

Es lag 1989 nicht nur an den vielen Flüchtlingen, an Gorbatschow oder den Leipziger Helden. Die DDR ging auch an dem zugrunde, was sie ihren Leuten antrainiert hatte, an einer stillen Antriebsschwäche, Anpassung und 17 Millionen inneren Schweinehunden. Nicht auffallen, Schnauze halten, Augen zu und durch – kommt Ihnen das bekannt vor?

Es geht schon seinen sozialistischen Gang, war das geflügelte Wort dafür und hieß so viel wie: egal. Heute würde man vielleicht »Alternativlosigkeit« dazu sagen oder eine neue Bertelsmann-Studie gegen schlechte Laune verbreiten.

Möglicherweise verkläre ich auch das, aber in »meinem« Land war am Ende sogar die Langeweile größer als die Angst vor dem eigenen Mut. Und das ist eine Erfahrung, die ich auch jedem Westdeutschen von Herzen gönne. Zudem bleibt es wohl für immer die schönste Erinnerung an die DDR: Wir haben sie selbst abgeschafft.

BILLIGER STERBEN
IN COTTBUS

Immer noch werden bis zu 40 Prozent weniger Lohn mit angeblich niedrigeren Lebenshaltungskosten im Osten begründet. Tatsächlich ist allein der Tod günstiger. Ein Warenkorb

Vor etwas über einem Jahr verschwanden am Stadtrand von Berlin zwölf Leichen und tauchten wenig später – ohne Kleintransporter – in einem Wald bei Poznań wieder auf. Zwischen allerlei Polenwitzen ging leider unter, warum Tote überhaupt in solchen Mengen umhergekarrt werden. Ihr eigentliches Ziel war jedenfalls Meißen bei Dresden, wo eine Feuerbestattung dermaßen günstig ist, dass sich so eine letzte Gruppenreise lohnt. Und wenn man in diesem Fall auch nur bedingt von Lebenshaltungskosten sprechen kann, liegt das natürlich in erster Linie an den unanständig niedrigen Löhnen sächsischer Leichenverbrenner.

So ist das im Osten – mit oder ohne Tarifvertrag – nach wie vor in allen Branchen. Gerade werden zwar noch hektisch ein paar neue Verträge abgeschlossen, um den Mindestlohn etwas hinauszuzögern. Allerdings konnten auch bereits vereinbarte Tarife der innerdeutschen Lohnmauer wenig anhaben: Bauarbeiter im Westen betonieren sie für 13,70 Euro pro Stunde, ihre Ostkollegen für 10,25 Euro – minus 25 Prozent. Zeitarbeiter werden nach wie vor mit Lohnabschlägen für ihren Wohnort bestraft, als sei das selbstverständlich. Wer westdeutschen Senioren das Essen reicht, bekommt – theoretisch – mindestens 8,75 Euro. Ostdeutsche Greise lassen sich dagegen für einen Euro weniger abfüttern. Vermutlich, weil Rentner dort auch weniger Rente bekommen. Oder ist es ein Mengenrabatt, weil es im Osten bald nur noch Alte gibt?

Will man noch mehr Pflegekräfte aus Thüringen für Seniorenresidenzen im Taunus rekrutieren? Sind höhere Löhne auf Kölner Baustellen eine Art Solidaritätszuschlag für den vernachlässigten Aufbau West? Man kann darüber seit Jahrzehnten nur spekulieren, denn plausible Begründungen für die deutsch-deutschen Lohnunterschiede gibt es seit fünfundzwanzig Jahren nicht. Allenfalls die sogenannten Lebenshaltungskosten müssen immer wieder als Ausrede herhalten: Im Osten sei ja alles billiger, heißt es dann pauschal, deshalb bräuchten die Leute auch weniger Geld. Aber selbst das ist eine ebenso notdürftige wie wohlfeile Lüge.

Erst vor einem Jahr nahm das Bundeskartellamt Ermittlungen gegen die Leipziger und andere sächsische Stadtwerke auf, weil deren Erlöse für Fernwärme bis zu 100 Prozent über Bundesdurchschnitt lagen. Ostdeutsche Stromkunden zahlen bis zu 9 Prozent mehr, obwohl – beziehungsweise weil – sie weniger verbrauchen und die Netzentgelte dadurch höher sind. Wie immer trifft es Hartz-IV-Bezieher besonders hart, die im Osten 35 Prozent mehr für Strom ausgeben müssen, als sie vom Amt erhalten – und damit im Durchschnitt doppelt so viel wie etwa in Niedersachsen, Hamburg oder Bremen. Das Gleiche gilt für Gas.

Helmut F., ein westfälischer Kaufmann, der seit einigen Jahren in Forst an der polnischen Grenze lebt, schrieb mir, was ihm bei Besuchen im Westen mehrfach auffiel: Mal brauchte er einen neuen Surfstick und bekam ihn in Hameln für 9 Euro, während das gleiche Exemplar bei der gleichen geizgeilen Kette in Cottbus 15 Euro kostete. Im »Dänischen Bettenlager« Hameln entdeckte er ein Bett »im Angebot« für 100 Euro. Weil er es nicht quer durch halb Deutschland transportieren wollte, ging er wenige Tage später in die Niederlassung Forst. Und siehe da: Für das gleiche Bett – ebenfalls »im Angebot« – verlangten die Brandenburger Dänen 119 Euro. Also etwa 20 Prozent mehr – ungefähr so viel, wie die Leute dort weniger verdienen. Selbst F., durch und durch von Angebot und Nachfrage sozialisiert, war fassungslos: Da sucht man sich einen preiswerten Alterssitz – und dann das!

Allein der Tod ist noch günstiger. Und – kleiner Trost – Meißen nicht weit.

Die Mitgliedschaft in einem zünftigen Arbeiterverein wie dem FC Bayern München kostet 60 Euro pro Saison. Bei den neureichen Rasenball-Sportlern in Leipzig waren in der dritten Liga 800 Euro fällig. Und da empfiehlt ein impertinenter Volkswirt aus München – von der »Sächsischen Zeitung« auch noch irreführend als »Dresdner Wirtschaftsprofessor« ausgegeben – für Ostdeutschland einen »vorsichtigen« Mindestlohn von 4,60 Euro?! Im August 2014, als der angeblich flächendeckende Hungerlohn von 8,50 Euro längst Gesetz war.

Selbst wenn der Professor noch ganz bei Sinn ist – seinem IFO-Chef in München – und nun in Dresden etwas günstiger wohnt als zu Hause, würde ich ihm als Menschenfreund nicht zumuten, von etwas über 700 Euro brutto im Monat leben zu müssen. Am liebsten würde ich ihm mit Ohrfeigen etwas Menschenwürde beibringen. Aber leider kennt das Strafrecht keinen Ost-Tarif bei Körperverletzung. Außerdem rechtfertigen die oft beschworenen Wohnkosten auch keine historischen Geldstrafen bei Löhnen mehr. Es sei denn, man zöge in der Stadt der Nazibewegung pauschal 30 Prozent ab.

Die Vermieter kommen – hier wie da – ohnehin aus dem Westen. In Potsdam werden mit bis zu 4900 Euro pro Quadratmeter längst ähnliche Preise für Eigentumswohnungen aufgerufen wie in Köln. Nur Tanken ist nirgendwo so teuer wie in Brandenburg und Sachsen, wie die monatliche Auswertung der bundesweiten Meldestelle für Benzin- und Dieselpreise regelmäßig zeigt. So kostet Benzin in Dresden stets 10 Cent mehr als in Düsseldorf. Vermutlich, weil in Sachsen weniger verbraucht wird – ähnlich wie beim Trinkwasser, von dem der Durchschnittsbewohner westdeutscher Flächenländer auch 30 Liter mehr pro Tag verschwendet. Trotzdem sind die Wasser- und Abwasserkosten im Osten überall höher. Schließlich muss jemand die überdimensionierten Kläranlagen bezahlen, die West-Unternehmen nach Plänen westdeutscher Aufbauhelfer hier in den Sand gerammt haben.

Während alles teurer – und im Osten noch teurer – wird, bewegt sich die Schere beim Einkommen kaum. Im Jahr 1992, als Butter und Nutella auch schon zwei Jahre überall das Gleiche kosteten, hatten Ostdeutsche im Durchschnitt noch 40 Prozent weniger. Fünf Jahre später waren es laut Bundesstatistik nur noch 26 Prozent. Danach wuchs die Differenz wieder wie von Zauberhand und war 2007 mit 30 Prozent größer als 1997. »Viele Ostdeutsche«, so erklärten das westdeutsche Wissenschaftler vom Deutschen Institut für Wirtschaftsforschung, »haben durch die Vereinigung Teile ihres Humankapitals ›abschreiben‹ müssen.«

Wer in solchen Kategorien denkt, muss die Wahrheit auch nicht verschämt zwischen Gänsefüßchen verstecken: Für die westdeutsche Wirtschaft war der ganze Osten ein einziges Abschreibungsobjekt. Und obwohl dort alles so billig ist, hat kaum jemand etwas gespart. Jedenfalls verfügen ostdeutsche Haushalte auch nach vierundzwanzig Jahren Einheit nicht mal über die Hälfte des Nettovermögens eines vergleichbaren westdeutschen Haushalts.

Das habe nur noch rein historische Gründe, erklären Vermögensexperten nun. Sie denken: Die können eben nicht wirtschaften da! Sie sagen auch nicht: Die hauen ihre Stütze aus dem Fenster, dass es am Ende nicht mal für den eigenen Leichenwagen reicht. Sie sagen: Bei unter Fünfunddreißigjährigen sei die innerdeutsche Wohlstandsgrenze schon jetzt nicht mehr zu erkennen. Außerdem geht man davon aus, in Zukunft würden sich Arme und Vermögende eher als Mieter und Immobilienbesitzer gegenüberstehen.

Natürlich könnte man da schon wieder spitzfindig fragen, wem denn die Immobilen im Osten mehrheitlich gehören und was ein fünfunddreißigjähriger Durchschnitts-Dresdner in den nächsten Jahren für Erbvermögen zu erwarten hat. Aber das würde womöglich wie Neid und Missgunst wirken – als wenn allein Geld glücklich macht. Wenn es danach geht, müssten Ostdeutsche eigentlich fünfmal fröhlicher sein als etwa Süddeutsche. Das merkt man nur nicht immer gleich, weil viele vor Lachen kaum die Miete an ihren Stuttgarter Hausbesitzer zahlen können.

»Wir müssen aufpassen, sonst fressen uns die Sachsen in fünf Jahren kalt zum Frühstück.«
Wolfgang Kartte, bis 1992 Präsident des Bundeskartellamtes

HOOLIGANS IM
BUMMELSTREIK

Sachsen galt stets als Streber unter den blühenden Ostländern. Vor allem aber blühte der Sklavenhandel mit Billiglöhnern – als Vorbild für ganz Deutschland. Ein Menetekel

Wenn westdeutsche Journalisten mal zeigen wollen, dass doch nicht alles schlecht ist im Osten, fahren sie immer gern nach Radebeul. In der Kleinstadt am westlichen Rand von Dresden stehen Villen, gegen die Hamburger Elbvororte wie Plattenbaughettos wirken. Dort kann man den Aufschwung sogar fotografieren, weil eine Blondine Ferraris verkauft. Und in den gediegenen Weinstuben von Altkötschenbroda lobt man abends in allen möglichen westdeutschen Dialekten den Fleiß der Einheimischen.

Ein paar davon, so betonen Villenbesitzer und Weintrinker gern, würden sogar selbst noch hier wohnen oder sich auch mal einen Ferrari – nun ja – ansehen. Und damit sich der westdeutsche Soli-Zahler eine

Vorstellung vom »sächsischen Nizza« (»Spiegel«) machen kann, zählen die Reporter im »Bessergestellten-biotop des Ostens« (»Focus«) regelmäßig die Millionäre. Auf 250 kam die »Welt« zuletzt, laut »Spiegel« »Tendenz steigend«. Nur weiß niemand, woher die alle stammen – die Zahlen zumindest.

Die neureichen Sachsen müssen sehr scheu sein, denn man begegnet ihnen nicht mal in den Berichten über sie. Möglicherweise arbeiten sie Tag und Nacht, oder die Reporter lassen sich in Radebeul – wenn nicht voneinander – vom Geist Karl Mays inspirieren, der hier auch schon an zahlreichen Legenden gebastelt hat. In Wahrheit ist das sächsische Nizza, das Musterschüler-Neuland, »das Schwaben des Ostens« – ein Mythos.

Echte Sachsen sitzen höchstens mal bei Anne Will auf dem Betroffenen-Sofa, wenn es um Billiglohn und Armut geht. Eine studierte Bauingenieurin aus Bautzen etwa, die für 8 Euro netto täglich 130 Kilometer in ein Call-Center nach Görlitz fährt. Mehr Hohn als Lohn – genau wie die beinahe vorwurfsvolle Frage der Moderatorin: »Warum tun Sie sich das an?«

Tja, warum? Warum ist die Zahl der Niedriglöhner doppelt so hoch wie im Westen? Warum muss ich mich von Hamburger Kollegen für mein Gehalt auslachen lassen? Warum warnt der sächsische Wirtschaftsminister Sven Morlok, dass Mindestlöhne den Osten »de-industrialisieren« würden? Welche Industrie meint der FDP-Mann? Ein paar 100-Mann Buden, die zur Hälfte Leiharbeiter anheuern und wieder feuern?

Davon abgesehen, dass Morlok Schwabe ist, klang das immerhin mal nach einem klaren Bekenntnis zum Billiglohnland. Wie Kara Ben Nemsi oder der alte Shatterhand waren es vorher immer die gleichen Helden, die dort manchen Schatten überstrahlten oder nur blendeten. Sie hießen Infineon oder Quelle, BMW oder Old Biedenkopf. Dann zog 2004 die NPD in den Landtag und Politikwissenschaftler sprachen von einer schweren Störung der politischen Balance, einem »Menetekel« womöglich für das ganze Land. Die alte Gleichung – starke Wirtschaft = stabile Demokratie – ging in Sachsen anscheinend nicht mehr auf. Es war ein Land der Widersprüche geworden – zumindest für West-Maßstäbe.

Knapp hinter Bayern haben die Sachsen die niedrigsten Schulden, aber auch die niedrigsten Löhne. Sie haben das erfolgreichste Schulsystem, aber akuten Lehrermangel. Sachsen gibt von allen Bundesländern das meiste Geld für Kultur aus – trotzdem produzieren Westdeutsche im MDR eine Art DDR-Fernsehen. Im Zukunftsatlanten, Perspektiv- und Zufriedenheits-Rankings führen Leipzig und Dresden nicht selten vor Düsseldorf, Wiesbaden oder Hamburg. Tatsächlich kommen die Städte aber noch nicht mal auf 40 Prozent der Einkommenssteuer im Vergleich zu Beton gewordenen Zumutungen wie Dortmund oder Duisburg. Sachsen haben in Umfragen zwar den besten Sex und führen laut Scheidungsrate die glücklichsten Ehen in Deutschland, aber auch seit Jahrhunderten mit Abstand die Selbstmordstatistik an. Hier wurde die SPD gegründet und rutschte bei Landtagswahlen erstmals unter 10 Prozent. Von hier ging die friedliche Revolution aus, aber 47 Prozent der Sachsen meinen, dass es in der DDR »alles in allem« gerechter zugegangen wäre.

Was auf den ersten Blick paradox oder wie ewiges Ossi-Genörgel wirkt, sind in Wahrheit die Nebenwirkungen eines nicht mal geheimen Menschenversuchs: Sachsen steht wirtschaftlich scheinbar gut da, weil es seit knapp fünfundzwanzig Jahren ein schamloses Labor für Ausbeuter und deren politische Helfer ist. Anfang der 1990er Jahre, als an Hartz IV und Ein-Euro-Jobs noch nicht zu denken war, probierte hier die CDU mit ausgewählten Unternehmen und sogenannten »Trans-Fair-Einkommen« schon mal aus, ob Langzeitarbeitslose bereit wären, für Löhne zu arbeiten, die sich an Sozialhilfe orientierten – also etwa an heute üblichen Osttarifen. Die SPD-geführte Stadt Leipzig experimentierte bereits 1993 mit Zwangsarbeits-Modellen für Sozialhilfeempfänger. Die Politik schuf Bedingungen, zu denen im Westen niemand arbeiten würde. »Arbeit um jeden Preis« war der Schlachtruf. Allein das Schlachtvieh hatte keine Wahl.

Seitdem wird Armut nirgendwo in Deutschland dermaßen schamlos ausgebeutet. Die sogenannten industriellen Leuchttürme ließen sich nicht nur mit Millionen Fördermitteln ins Land locken, sondern ihre Angestellten danach auch noch mit Hartz IV aufstocken. Sie reizten Leiharbeit maßlos aus. Und die offizielle Wirtschaftsförderungsgesellschaft des Freistaats vermarktet die Billig-Sklaven auf ihrer Home-page immer noch ganz offen als Standortvorteil mit »flexiblen Tarifmodellen« und »einem moderaten Lohnniveau (28,5 % unter dt. Durchschnitt)«.

Diese Hungerlöhne verhinderten – trotz bundes-weiter Spitzenwerte bei Wirtschaftswachstum und Investitionen – echte Arbeitsplätze. Und es ist natür-lich kein Wunder, dass der Mindestlohn nirgends so gefürchtet ist wie hier – zumindest bei denen, die sich auf Kosten ihrer Angestellten eine Art Sonderwirt-schaftszone eingerichtet hatten. Meist keine Sachsen.

Aber warum lassen die sich das gefallen? Haben Dresdner und Leipziger nicht schon ganz andere Regi-mes wegdemonstriert? Haben es die an sich friedlie-benden Sachsen seit 1989 nicht sogar als Hooligans zu einigem Ruhm gebracht? Wieso gibt es keinen Aufruhr oder wenigstens mal einen ordentlichen Bummel-streik? Vermutlich, weil Politik und Wirtschaft in Sach-sen traditionell ein entkoppeltes Eigenleben führen.

Egal ob von Preußen, Habsburg oder westdeutschen Leihbeamten regiert: Immer tüftelte man hier lieber, schnitzte Nussknacker und genoss die Herbstsonne im Schrebergarten. Sachsen war Europas führende Indus-trieregion, als es in Bayern nur Kühe und im Rheinland etwas Kohle gab. Bis zum Ersten Weltkrieg wurde hier der größte Teil des deutschen Bruttosozialproduktes erwirtschaftet; die Pro-Kopf-Einkommen lagen 17 Pro-zent über Reichsdurchschnitt. Und natürlich stehen auch die meisten Villen nicht erst seit 1990 in Rade-beul. Sie gehören heute nur anderen.

Politisch standen die Sachsen dagegen meist auf der falschen Seite – ob unter Napoleon, in der DDR oder als sie 1918 ihren vorletzten König nur schweren Herzens vom Thron jagten. Wer die schönsten Mädchen und die meisten Erfindungen hat, kann offenbar nicht auch noch Gespür für Ränke und Macht haben. Diese Mentalität kommt seit 1990 der CDU entgegen. Biedenkopf musste seinen neuen Untertanen nur mit etwas Heimat-PR den Bauch pinseln – schon bescherten sie ihm sozialistische Mehrheiten. Es sind im sächsischen Sinn konservative Leute, die mal zu 99 Prozent SED, aber eben plötzlich auch 9 Prozent NPD wählen. Die mit einer DDR-Muster-Blockflöte wie Stanislaw Tillich zufrieden sind, sich aber gleichzeitig ihren König Kurt und dessen höfische Verhältnisse der 1990er Jahre zurückwünschen. Nicht zuletzt – wenn auch wahrscheinlich nur bis zum kommenden Wahlsonntag – ist in diesem ewig gestrigen Freistaat sogar noch die FDP an einer Landesregierung beteiligt!

Es sind zwar nur zwei Minister, natürlich beide aus dem Westen. Aber wenn Leiharbeiter wie dieser Morlok endlich heimkehren, kann sich Baden-Württemberg schon mal auf Niedriglöhne einstellen. Sachsen war – wie gesagt – nur ein Test. Der Westen wird auch noch heulen.

> *»Viele haben ja immer noch nicht verstanden, dass es die BRD ohne die DDR nie gegeben hätte.«*
> Jochen Schmidt, Weltall Erde Mensch

ES WAR EINMAL ...
DER WESTEN

(ONCE UPON A TIME IN THE WEST)

Duckmäuser, Überwachung und Kitas überall – nach knapp 25 Jahren ist von dem, was an der alten BRD einmal besser oder anders schien als im Osten, kaum noch etwas übrig. Ein Nachruf

DDR-Bürger – das muss man gelegentlich vorausschicken – wussten immer mehr vom Westen als umgekehrt. Zumindest hielten sie den »Blauen Bock« oder die »Lindenstraße« dafür und reichten sich zerfledderte Quelle-Kataloge weiter. Sie staunten über ein scheinbar vielfältiges Parteiensystem, das in der »Tagesschau« den Wohlstand für alle verteilte. Über Tante Uschis Postkarten aus Rimini, ihr neues Auto ... Und wer weiß – wenn man schon 1989 mehr als ein paar Verwandte oder die Gepflogenheiten der Lobbydemokratie näher gekannt hätte? Aber das ist schon wieder eine viel zu polemische Hypothese. Die traurige Frage, die sich heute eigentlich für beide Deutschländer stellt, ist doch: Wo in der Glanz des goldenen Westens geblieben? Die Rede ist nicht nur von Heinz Schenk, der D-Mark oder dem Quelle-Katalog, obwohl das für viele Leute auch schon schmerzhaft war. Dass Autos aus Stuttgart und Möbel aus Schweden nicht ewig halten, waren ähnlich herbe Enttäuschungen. Seit klar ist, dass Häftlinge in ostdeutschen Kerkern ihre Sabotage-Lust an Billy-Regalen abreagierten, haben ehemalige Insassen »der Ehemaligen« zwar auch dafür Verständnis. Inzwischen aber – nach den NSA-Enthüllungen, den Kita-Doktrin der Bundesregierung und einer FDJ-Funktionärin im Bundeskanzleramt – muss doch auch dem letzten Hinterschwarzwäldler klar sein, dass »Überholen ohne einzuholen« mehr als eine ironische Durchhalteparole Walter Ulbrichts war.

Von der guten alten BRD, nach der sich die Ostdeutschen 1989 so sehnten und an der Westdeutsche immer noch hängen, ist heute wahrscheinlich noch weniger übrig, als je dran war. Offenbar lebten die Brüder und Schwestern schon vorher in einem Überwachungsstaat, von dem die Stasi nur träumen konnte. Die globale Reisefreiheit endet für viele Menschen, wenn sie Glück haben, in Lampedusa. Die Diktatur des Kapitals hat massenhaft Duckmäuser erzogen, die sich ausgebrannt in ihre private Nische zurückziehen – alles, worauf der scheinbar freie Westen vierzig Jahre naserümpfend herabblickte, wird seit fünfundzwanzig Jahren auch dort offenbar.

Hätte man ahnen müssen, dass auch Presse- und Meinungsfreiheit tragische Irrtümer sein können, als man die erste »Bild«-Zeitung in den Händen hielt? Was soll man inzwischen zu »Sturmgeschützen der Demokratie« sagen, die – bevor irgendwas feststeht – »Stoppt Putin jetzt!« auf ihre Titelseite schreiben und mit Gesichtern von in jeder Beziehung wehrlosen Flugzeugabsturz-Opfern garnieren? Zur Straße »unserer Besten« im ZDF? Mir persönlich kam sogar der »Stern« oft mutiger vor, als ihn noch mutige Omis über die Grenze schmuggelten. Das kann aber auch Nostalgie sein, denn die Omis sind tot.

Hätten alle neuen Bundesbürger 1990 vielleicht eine Art Staatsbürgerkunde – oder wie das heute in der Schule heißt: Gesellschaftskunde – gebraucht? Würde wir dann verstehen, dass Fluchthelfer bis 1989 gute Menschen waren, wenn sie andere aus der zweiten in eine bessere Welt brachten, aber heute »kriminelle Schleuser« sind, wenn sie das Gleiche mit Menschen aus der dritten Welt tun? Dass »Fraktionszwang« etwas anderes und viel demokratischer ist als »Parteidisziplin«? Dass im Westen doch nicht »das Sein« das Bewusstsein bestimmt, sondern allenfalls der Schein?

Unter normalen Geschäftsbedingungen müsste jeder Ostdeutsche immer noch sofort vom Einigungsvertrag zurücktreten können. Uns wurden nicht nur die Mängel dieser Demokratie arglistig verschwiegen, uns wurde auch eine Widerrufsbelehrung vorenthalten. Es war es ein übles Haustürgeschäft und rechtfertigt allein für »Falsch- und Zuweniglieferung« laut

BGB mindestens Nacherfüllung oder Schadenersatz. Aber galt das Bürgerliche Gesetzbuch 1990 überhaupt schon für das sogenannte Beitrittsgebiet? Wie soll man einen Kaufpreis mindern, von dem die Verkäufer auch noch hartnäckig behaupten, sie hätten ihn selbst bezahlt? Vermutlich ist inzwischen auch die Gewährleistung abgelaufen, falls es die für gebrauchte Demokratien je gab.

Jedenfalls blieb Ostdeutschen gar nichts anderes übrig, als eine sogenannte Ersatzvornahme, ein stiller Umbau zurück. Und dafür – nebenbei die größte Enttäuschung – war gar nicht viel zu tun. Jetzt müssen sich nur noch die Westdeutschen daran gewöhnen, dass man es auch Planwirtschaft nennen kann, wenn die Wirtschaft nicht mehr mit ihnen plant und lieber billige Leute im Osten nimmt. Das wird auch der staatlich verordnete Mindesthungerlohn nicht ändern – und selbst den halten viele Westler schon für ein Zeichen auf dem Weg in die DDR. Auf dem Weg?!

Sie sind längst da: Wir haben die Abtreibung legalisiert. Unsere Grenztruppenoffiziere machen bei der Bundespolizei ungeniert Karriere. Der »Grüne Pfeil« kostet Fußgänger und Radfahrer das Leben, weil westdeutsche Rechtsabbieger immer noch nicht richtig gucken. Überall tarnen sich neue Polikliniken als »Ärztehäuser«. Merkel und Gauck haben sie geschluckt, sogar neue Postleitzahlen.

Etwas schwer tun sich ehemalige BRD-Bürger nur noch mit der Anpassung an Frauenbild und Schulsystem. Dabei möchte man sie manchmal fast bremsen, schließlich war auch in der alten BRD nicht alles schlecht! Mit dem Wunderelixier »Frauengold«, zum Beispiel, sollen ihren Ehen viel ausgeglichener gewesen sein, bis es 1981 vom Bundesgesundheitsamt verboten wurde und plötzlich auch alle Westlerinnen arbeiten und Steuern hinterziehen wollten. Kinder durften in antiautoritären Schulen machen, was sie wollten – und bekamen hinterher trotzdem so etwas wie ein Abitur geschenkt. Das ist heute nur noch in einigen Waldorfschulen oder Hessen möglich, wenn die Kleinen nicht gerade auf der Odenwaldschule zu Höchstleistungen genötigt werden. Etwas schade ist auch der Niedergang von SPD oder FDP. Aber scheiß drauf! Viele Ostdeutsche mit flexiblen Halswirbeln haben nach 1990 auch eine neue Partei gefunden.

Im Westen meiner Träume hatten selbst Berufspolitiker noch Rückgrat und Matchboxautos richtige Achsen. Aus Metall – nicht wie die Plastik-Beilagen im Kidsmenu heute! Kriegsdienstverweigerer schoben Rollstühle auf Friedensdemos – und Soldaten bis Freitag um eins eine ruhige Kugel in ihren Kasernen, statt sich auf einen neuen Krieg mit Russland vorzubereiten. Jeder konnte reisen, wohin er wollte. Sagen, was er dachte. Niemand hörte mit, und wer Recht hatte bekam Recht – ohne Ansehen der Person oder seiner Millionen. Gewaltenteilung und so weiter – meine Güte, wie naiv!

Wo ist das »Sag-nein«-Westdeutschland von Borchert und Böll? Wo sind die 300 000 Leute aus dem

Bonner Hofgarten 1981? Das stolze »Made in West-germany« – außer auf Panzern? Der »Wohlstand für alle«, wenn Kinder an Armen-Tafeln essen, während ein paar westdeutsche Oligarchen-Familien immer reicher werden? Und was ist das eigentlich für eine dreckige Reisefreiheit, für 500 Euro und etwas Sonne im Winter auf die Kanaren zu fliegen – 8000 Meter über ertrinkenden Afrikanern in löchrigen Booten?

Was die systemimmanente Verlogenheit angeht, hat der Westen vielleicht noch die Nase vorn. Seine Selbstvermarktung ist einfach geschickter als die plumpe DDR-Propaganda. Die Zeichen für ein ähn-lich klägliches Ende sind dennoch kaum zu überse-hen, seit das ewige Wachstum stottert, auf dem das Kartenhaus steht. Am Ende ist Marktwirtschaft im-mer asozial. Und was aus der westdeutschen wurde, nachdem im Osten keine Alternative mehr drohte, spottet schon jetzt jeder Sozialstaatslegende: Ab 1990 wurden Schritt für Schritt die Spitzensteuersät-ze gesenkt, Steuern auf Unternehmensverkäufe und Vermögen abgeschafft, Gewerbekapitalsteuer gestri-chen … Es scheint nicht mal mehr die alten, willfäh-rigen Gewerkschaften zu geben, dass schon die Bun-desbank Lohnerhöhungen fordern muss. Natürlich nicht aus Gründen der Gerechtigkeit, sondern des Binnenkonsums.

Ostdeutschen wird gern Verbitterung vorgeworfen, weil sie aus dem Sozialismus zurück in die Zukunft wollten – und sich reprivatisiert im Feudalismus wie-derfanden. Westdeutsche dagegen kennen gar nichts anderes als Fron bei einem sogenannten Arbeitgeber, Mietwucher und Landgrabbing, vererbte Armut oder eben Reichtum. Deshalb fühlen sie sich auch nicht veralbert, wenn im Fernsehen immer noch von Demokratie und Freiheit die Rede ist.

> »Was man ernst meint,
> sagt man am besten im Spaß.«
> Wilhelm Busch

VERWESTLICHT, VERBLÖDET, VERSEUCHT

Nach sechs Jahren »Schnauze Wessi« ist nun Schluss. Nicht etwa, weil der Nahost-Konflikt keine Thema mehr wäre, sondern weil der Autor selbst kein Besserwisser-Westler werden will. Eine Kapitulation

Dass sie die Schnauze nicht halten können, war ja vorher klar. Dennoch habe ich den häufigsten Einwand auf meine Beiträge zur Völkerverständigung nie verstanden: Ost oder West spiele doch langsam keine Rolle mehr, hieß es immer wieder – für junge Leute schon gar nicht. Und davon abgesehen, dass ich von Zwanzigjährigen oft das Gegenteil höre, ist dieses nichtige Argument fast zynisch, wenn man nur mal an die Säuglingssterblichkeit denkt. Die ist in Westdeutschland nämlich eklatant höher als unter Neugeborenen in Osten, wie eine statistische Untersuchung der Uniklinik Magdeburg ergab. Für die Allerjüngsten ist es also überhaupt nicht egal, ob sie in Leipzig oder im mittelalterlichen Westen zur Welt kommen. Bei Frühchen geht es dabei immerhin um Leben und Tod!

Bevor der zweite übliche Einspruch kommt: Diese Statistik ist schon deshalb unverdächtig, weil ihr Urheber die übliche Karriere vorweisen kann. Der Ostwestfale, von dem sie stammt, hat in Marburg Medizin studiert und lange in Münster herumgedoktert, bevor er in Magdeburg Direktor der Uni-Kinderklinik wurde. Für den oft beschriebenen Zusammenhang von West-Herkunft und Ost-Posten – das ist der dritthäufigste Einwand ohne jede Gegenargumentation – wurde mir oft Missgunst unterstellt. Zuweilen musste ich sogar mit gespieltem Entsetzen die Frage zurückweisen, woher dieser Hass auf Westdeutsche komm st. Jedenfalls würde ich es eher enttäuschte Liebe nennen, aber selbst das verkneife ich mir inzwischen.

Vor ziemlich genau sechs Jahren hieß es auf www. stern.de erstmals »Schnauze Wessi«. Damals überraschte dieser Ton noch ein paar Leute. Mich auch. Zumindest »Wessi« gehörte vorher nicht zu meinem aktiven Wortschatz. Ich nannte sie »Angeber«, »Klugscheißer« oder bei Ausnahmen »Ausnahme« – je nachdem. Überhaupt benutze ich die Begriffe »Ossi« und »Wessi« bis heute nicht gern, weil sie den Zustand der innerdeutschen Beziehungen nur verniedlichen. Man sagt ja auch nicht Opfi oder Mördi, Arschlöchi oder Sklavi. Trotzdem war es – so schreiben mir zumindest viele Leidensgenossen – auch ein gewisser Trost, dass mal einer nach Kräften zurückstänkerte.

Bei Lesungen oder öffentlichen Auftritten ist das vornehmlich ostdeutsche Publikum dagegen oft enttäuscht, dass ich immer noch so viel Verständnis und Mitleid für das skurrile Verhalten der westdeutschen Landsleute aufbringe und nach der Veröffentlichung der ersten Kolumnensammlung unter dem Titel »Schnauze Wessi« mit dem zweiten Büchlein sogar dafür plädierte, ihnen doch noch eine Chance zu geben. Wieso denn, empören sich viele, die hatten ihre Chance! Und so traurig es ist: Gegen diese hartnäckigen – weil meist berechtigten – Ressentiments ist leider wenig auszurichten.

Die eigentlichen Adressaten – oder sagen wir: Betroffenen – erreichten die Texte und Bücher dagegen offensichtlich nicht. Sie halten nicht mal die Schnauze, wenn sie gar keine Ahnung haben. Ein paar haben aber wenigstens ab und zu aufgejault. Ihnen ist nun der dritte und letzte Sammelband gewidmet. Er heißt »Heul doch, Wessi!« und erscheint im Ostberliner Eulenspiegel Verlag. Auch das ist – wenn man so will – mehr Kapitulation als Heimkehr, nachdem ich es zunächst besonders subversiv fand, Westdeutsche in einem westdeutschen Verlag zu verunglimpfen. Aber für solche Feinheiten haben sie erst recht kein Gespür.

Ostdeutsche sind in ihren Augen zurückhaltend und still. Sie machen sich am liebsten unsichtbar wie früher oder entschuldigen sich, wenn das mal nicht gelingt. Und obwohl dies unter lauter lauten Westlern nicht als Tugend gilt, möchte auch ich ihre Erwartungen in Zukunft wieder erfüllen. Im persönlichen Umgang kann ich sogar Respekt und Höflichkeit heucheln – was Arbeitsleben und Kapitalismus eben verlangen. Weil die meisten dermaßen von sich überzeugt sind, kaufen sie mir das immer noch ab. Vermutlich haben sie »Schnauze Wessi« für Satire gehalten.

Dachte ich wirklich, ihre selbsttrügerische Selbstgewissheit mit etwas selbstbewusster Besserwisserei erschüttern zu können? Was für ein Selbstbetrug meinerseits! Da sieht man mal, wie sehr wir schon verseucht sind. Verblödet, verwestlicht – es muss eine Art Stockholm-Syndrom sein, dass man ihre Denkmuster unbewusst adaptiert. Anfangs womöglich, weil man sie auch für normale Menschen hielt. Später in der Hoffnung, dass sie es dann vielleicht verstehen. Zuletzt nur noch aus Selbsterhaltungstrieb. Eine Vergewaltigung bleibt eine Vergewaltigung, auch wenn man sie euphemistisch Wiedervereinigung nennt. Niemand will hinterher hören, er/ sie/ es hätte es doch selbst so gewollt oder gar herausgefordert! Opfer ist, wer sich als Opfer fühlt. Und selbstverständlich entschuldige ich mich auch gleich wieder für diesen Vergleich. Wie gesagt: Ich bin ja wieder unsichtbar.

Es ist alles nur Verbitterung, Neid und Enttäuschung. Was immer der Westen unterstellt, sobald man ihn durchschaut, stimmt. Außerdem habe ich es nur für Geld gemacht und lege hiermit sogar offen, dass ich mir davon eine Datsche in Sachsen-Anhalt gekauft habe. Raten Sie mal von wem?! Richtig: Ich habe gewissermaßen ehemaliges Volkseigentum restituiert, das sich ein Bayer unter den Nagel gerissen hatte. Und zwar ausgerechnet von den Almosen, die mir westdeutsche Verleger von dem Gewinn abgaben, den ich für sie verdiente, in dem ich ihresgleichen beschimpfte. Bevor Sie sich nun aber fragen, ob das nicht alles pervers sei – fragen Sie lieber mal, wo das sauer verdiente Geld am Ende wieder gelandet ist?!

Spätestes seit ich weiß, dass zwei westdeutsche Kollegen an einem Buch mit dem originellen Titel »Schnauze Ossi« arbeiten, war mir klar, dass ich damit aufhören muss. Als wenn der Osten seit 1990 je etwas anderes gehört hätte! Als wenn das Ostdeutsche nicht vor 1989 ausgiebig geübt hätten – und sich der stille Zorn gegenüber Chefchen und Hausbesitzern auch danach schnell wieder als nützlich erwies. Als wenn nicht die ganze Welt von Amerika und seinen Nachahmern seit Jahrzehnten »Schnauze, naher, ferner, mittlerer Osten!« hört, weshalb die Verachtung des Westens auch global kein Alleinstellungsmerkmal mehr ist.

»Ost ist Ost, West ist West«, schrieb schon der britische Kolonialdichter Rudyard Kipling, »sie werden nie zueinander kommen.« Sein Dschungelbuch änderte daran so wenig wie der Einigungsvertrag oder eine China-Tournee des Dresdner Kreuzchores.

Auf seiner letzten Reise in den fernen Osten strich der Chor kurzfristig »Die Gedanken sind frei« aus dem Programm. Vermutlich hatte die westdeutsche Konzertagentur kalte Füße bekommen. So ist das mit der Frei-

heit, dem Brot und denen, die Lieder dafür singen –
und deshalb höre ich nun endgültig damit auf.

Ich bedanke mich herzlich bei allen Lesern, vor allem bei den Heulsusen aus dem Westen.

Schenken Sie auch ihnen dieses Buch, legen Sie ein Päckchen »Tempo« dazu – und glauben Sie mir bitte: Es war nicht alles Quatsch!

In Wahrheit verläuft die Grenze zwischen Aldi-Nord und Aldi-Süd.

MIX
Papier aus verantwor-
tungsvollen Quellen
FSC® C119020

ISBN 978-3-359-02449-1

1. Auflage 2014
© Eulenspiegel · Das Neue Berlin
Verlagsgesellschaft mbH & Co. KG, Berlin
Umschlaggestaltung: Buchgut, Berlin
Druck und Bindung: Opolgraf, Polen

www.eulenspiegel-verlag.de